Karl-Markus Gauß

Die sterbenden Europäer

W0229256

Karl-Markus Gauß

Die sterbenden Europäer

Unterwegs zu den Sepharden von
Sarajevo, Gotscheer Deutschen,
Arbëreshe, Sorben und Aromunen

Mit Fotografien von Kurt Kaindl

Unionsverlag

Die Originalausgabe erschien 2001
im Paul Zsolnay Verlag, Wien.

Im Internet
Aktuelle Informationen, Dokumente und Materialien
zu Karl-Markus Gauß und diesem Buch
www.unionsverlag.com

Unionsverlag Taschenbuch 932
© 2001 Paul Zsolnay Verlag Ges.m.b.H., Wien
Diese Ausgabe erscheint mit freundlicher Genehmigung
des Paul Zsolnay Verlages Wien
© by Unionsverlag 2022
Neptunstrasse 20, CH-8032 Zürich
Telefon +41 44 283 20 00
mail@unionsverlag.ch
Alle Rechte vorbehalten
Reihengestaltung: Heinz Unternährer
Umschlagfotos: Kurt Kaindl
Umschlaggestaltung: Peter Löffelholz
Satz: Greiner & Reichel, Köln
Druck und Bindung: CPI – Clausen & Bosse, Leck
ISBN 978-3-293-20932-9

Der Unionsverlag wird vom Bundesamt für Kultur mit einem
Verlagsförderungs-Strukturbeitrag für die Jahre 2021–2024 unterstützt.

Inhalt

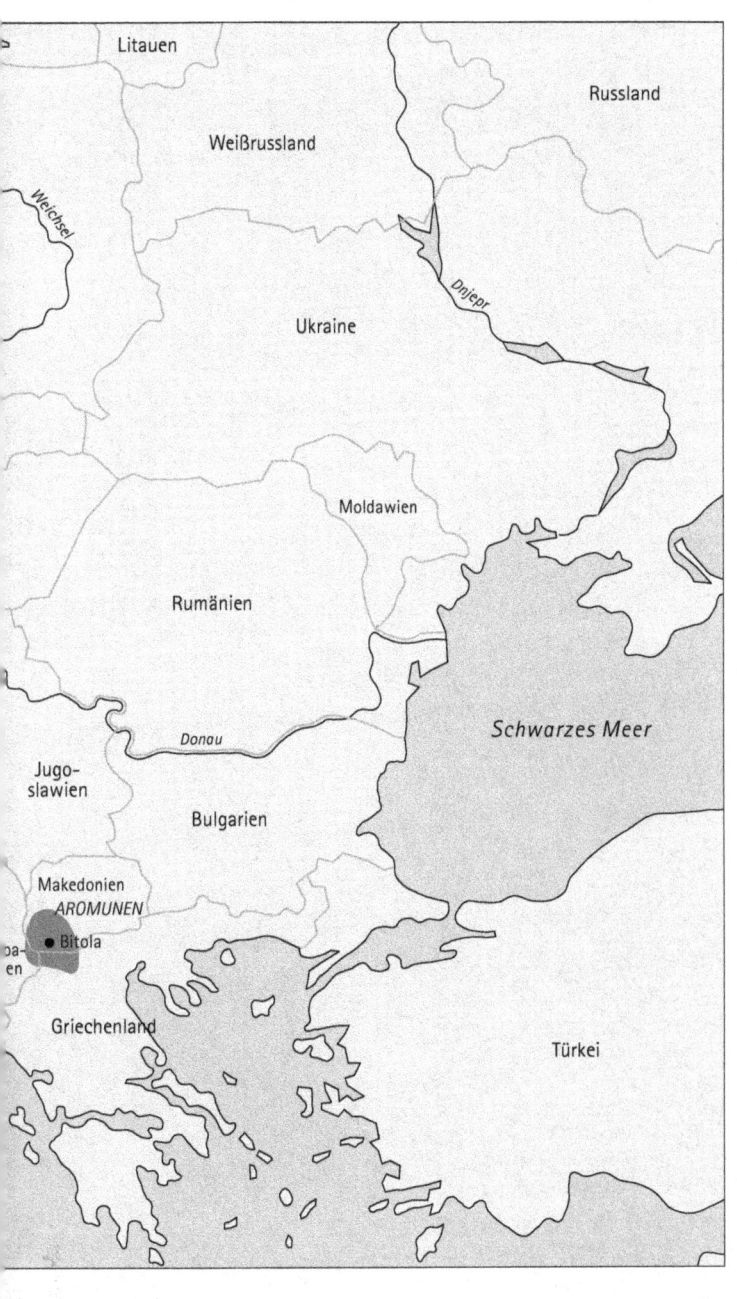

Die Letzten sein –
Die Sepharden von Sarajevo

Jakob Finci ist ein kleiner, aufgeweckter Mann, der leicht lispelt, fließend Englisch spricht und dabei mit dem riesigen rechten Ohr wackelt. An der holzgetäfelten Wand hinter dem Sessel, in dem er sich kerzengerade hielt, als nehme er eine Parade ab, hingen gerahmte Fotografien, die ihn mit den Großen der Welt zeigten: mit Papst Johannes Paul II. für alle Ewigkeit in ein vertrautes Gespräch versunken; mit dem über ein imaginäres Sarajevo des Krieges hinwegstrahlenden Ehepaar Clinton, bei dem er sich zwanglos untergehakt hatte; und mit dem Generalsekretär der Vereinten Nationen, Kofi Annan, wie sie einander ein melancholisches Lächeln zuwarfen, das um all die Vergeblichkeit irdischen Strebens zu wissen schien. Seit bald einer Stunde wurde Finci nicht müde, auf jede meiner Fragen zu antworten, indem er witzige Anekdoten zum Besten gab oder verblüffende Vergleiche tief zurück in die Geschichte schlug. Schon bald, nachdem wir unsere Unterhaltung im Jüdischen Gemeindezentrum von Sarajevo begonnen hatten, war er dazu übergegangen, meine Fragen zu taxieren, »a good question« sagte er anerkennend, und gelegentlich steigerte er dies zu »a very good question«, womit er zugleich ankündigte, dass er etwas weiter ausholen müsse, um sie zu beantworten.

Das also war der Mann, von dem ich schon so viel gehört hatte und von dem mir all die Tage, die ich in Sarajevo war, etwas anderes erzählt wurde! Nicht jeder schien ihn zu mögen, manchem war es offenbar nicht recht, dass der Vorsteher einer jüdischen Gemeinde, die nur mehr ein paar Hundert Seelen zählte, wie ein Präsident amtierte, dem Staatsmänner und Religionsführer die Reverenz zu erweisen hatten. Und doch, alle, die in den Jahren der Belagerung oder nach dem Krieg gekommen waren, waren auch zu Finci gekommen, in diese große, für die kleine Gemeinde von heute viel zu große Synagoge, die nach der einen Seite auf die Miljacka sieht, den schmalen Fluss, der Sarajevo reißend durchquert, nach der anderen auf die Hügel, die diese Stadt nach allen Seiten hin umschließen. Müssten Generäle für ein Manöver eine Stadt erfinden, an der sich die militärische Einkesselung mit geringer Truppenstärke üben lässt, sie würden zweifellos eine Stadt entwerfen, deren Grundriss dem von Sarajevo ähnelt. Alle waren sie in den letzten Jahren über diese Brücke gekommen, die aus dem Herz der Altstadt in ein unansehnliches Viertel herüberführt, dessen wichtigster Ort die Synagoge mit den Gemeinderäumen, dem Café und Vortragssaal, den Büros und der Bibliothek ist. Und Finci hatte sie empfangen, mit ihnen konferiert und der großen Politik, die in Sarajevo gerade verheerende Folgen zeitigte, lauter kleine Vereinbarungen entgegengesetzt.

Lange Zeit war Sarajevo ein viel besungenes Zentrum der Sephardim gewesen, jener Juden, die 1492 vom frommen König Ferdinand und seiner tugendhaften Gattin Isabella aus Spanien vertrieben wurden, sich in alle Welt geflüchtet und in namhafter Zahl auch auf dem Balkan angesiedelt hatten. »Yerusalayim chico«, Klein-Jerusalem, wurde die Stadt über die Jahrhunderte von ihren jüdischen Bewohnern genannt, deren Vorväter aus Spanien in das Osmanische Reich, auf die andere Seite des Mittelmeeres, gezogen waren, wo ihnen ein kluger Sultan namens Bajazet II. religiöse Freiheit, rechtliche Sicherheit und wirtschaftliche Perspektiven bot und die Vertriebenen mit dem Satz willkommen hieß: »Kann man einen solchen König klug und weise nennen, der sein Land verarmen lässt und mein Reich bereichert?« Die Sepharden waren nicht die ersten Juden, die es im Osmanenreich gab, fast überall, wo sie sich niederließen, in Sarajevo und Travnik, in Istanbul und Izmir, in Sofia und Rustschuk, trafen sie auf alteingesessene, seit der Antike hier lebende Gemeinden der Romanioten. Doch binnen wenigen Generationen hatten sich die Einheimischen vollständig den Neuankömmlingen assimiliert, und bis ins 20. Jahrhundert herauf bestimmte die sephardische Kultur das jüdische Leben auf dem Balkan, in Griechenland und der Levante.

Die Zuwanderer hatten, als sie ihre Heimat verlassen mussten, nur mit sich nehmen dürfen, was ein jeder von ihnen selber tragen konnte, aber kostbarer als alle irdischen Güter war die Sprache, die sie aus Spanien mitbrachten und die alsbald zur Lingua franca der Kaufleute wurde, die entlang der Küsten des Mittelmeeres Handel trieben; es war jene Sprache, die vor der politischen Sprachreform, die das Kastilische zur Norm erklärte und damit zur Grundlage des modernen Spanisch machte, auf der Iberischen

Halbinsel in mannigfachen regionalen Färbungen gesprochen wurde. Für diese Sprache, in der später die marokkanischen und griechischen, ägyptischen und dalmatinischen Fernhändler in den Hafenstädten ihre Geschäfte abwickelten, gibt es verschiedene Namen: Ladino ist der verbreitetste, Judeo-Español ein anderer, aber auch Romance oder Ǧudezmo waren und sind gebräuchlich. Jedenfalls sprachen die Juden des Balkans ihre aus Spanien mitgebrachte Sprache nicht nur im Tempel und zu liturgischen Zwecken, sondern auch im Alltag, auf der Straße und im Bazar. Heute gilt das Ladino Dichtern und Sprachforschern als »lebendes Museum des Spanischen«, durch das zu flanieren eine beglückende poetische Erfahrung sein kann. Als der argentinische Dichter Juan Gelman 1980 vor der Diktatur der Obristen flüchten musste, fand er Zuflucht nicht nur in Mexiko, sondern auch in der Sprache der Ahnen, die einst selbst um ihr Leben hatten flüchten müssen, im Sephardischen, das er sich im Exil anzueignen und in dem er Gedichte zu schreiben begann.

Bis ins 19. Jahrhundert war das Judentum des Balkans mit der sephardischen Kultur nahezu identisch. Erst 1878, als die österreichisch-ungarische Militärmacht die türkische Provinz Bosnien okkupierte und anstelle der alten osmanischen eine eigene Verwaltung einsetzte, sollten neuerlich Juden nach Sarajevo kommen, und diesmal waren es keine gottesfürchtigen Sepharden. Im Tross des österreichischen Heeres befanden sich vielmehr Tausende Beamte, gebildete Akademiker, die in der Tradition eines mitteleuropäischen Judentums standen und als Aschkenazim bezeichnet wurden. Als diese österreichischen Juden 1878 in Sarajevo auftauchten, hätten die Sepharden nicht schlecht gestaunt, erzählte mir Jakob Finci in seinem mit Devotionalien und Dokumenten aus der jüdischen Geschichte des Landes vollgeräumten Büro. Sie hätten sich sehr gewundert, weil das Juden waren, die kein Spanisch konnten, und sich gefragt, ob man überhaupt ein Jude sein konnte, wenn man nicht Spanisch sprach. Die Sepharden wären jedenfalls über den Zuzug so vieler Juden, mit denen man sich nicht einmal unterhalten konnte und die die einfachsten Regeln des Gottesdienstes nicht beherrschten, anfangs nicht sehr begeistert gewesen. Sie waren es nämlich seit vierhundert Jahren gewohnt, zwar inmitten von Muselmanen und orthodoxen Christen zu leben, im Religiösen aber ganz auf sich und die fast unverändert bewahrten Riten bezogen zu bleiben. Und das waren doch ganz andere Menschen, die jetzt auf den Plätzen und Ämtern zu sehen waren und die sich als Juden bezeichneten, obwohl Sprache, Kleidung und öffentliches Auftreten zu heftigen Zweifeln berechtigten, ob sie es mit Sitte und Anstand so ernst nahmen, wie sich das für Juden gehörte.

2

Der alte jüdische Friedhof, zwischen den im Krieg völlig zerstörten Stadtteilen Kovačići und Grbavica steil hügelan gelegen, war tief verschneit. Das große eiserne Tor ließ sich kaum öffnen, so fest steckte es im Schnee, der über den Winter eine Decke von einem guten Meter gebildet hatte, die jetzt, im Februar, hart gefroren war. Hier war seit Wochen niemand gewesen. Die leicht überschneite Spur eines einzigen Friedhofsgängers, der vor längerer Zeit mit jedem seiner schweren Tritte eingesunken war, zog sich vom Tor zur nahe gelegenen Aussegnungshalle, die zerschossen und deren Decke eingestürzt war, sodass man aus ihrem Inneren in den Himmel sah. In der völligen Stille des Vormittags ragten die Grabsteine weiß aus dem Schnee, schräg und wie im Kippen aufgefangen die einen, gerade und dicht aneinandergedrängt die anderen. Da waren die Gräber der Aschkenazim, die Namen trugen, wie sie in der österreichisch-ungarischen Monarchie gebräuchlich waren, Farkas, Brocziner, Prohaska oder Dr. Rothkopf, und bei vielen von ihnen, die um die Jahrhundertwende in Sarajevo starben, war als Geburtsort ein Dorf in Mähren oder eine Kleinstadt in Ungarn angegeben. Weit zahlreicher waren die Grabsteine der Sepharden, mit hebräischen Schriftzügen die älteren, in lateinischer Schrift mit Versen in Ladino die anderen ausgestattet, unter denen die Gebeine der Familien Kampos, Montiljo, Tolentino, Brazil-Levy oder Papo ruhten.

Das Gräberfeld zog sich drei-, vierhundert Meter den Hügel Trebević hinauf, zwischen den Gräbern standen Bäume, deren Äste sich unter der Last des Schnees zur Erde bogen. Der Aufstieg war mühsam, auf steile Eisplatten, die auch mit gutem Schuhwerk kaum zu bewältigen waren, folgten kleine Plateaus, auf denen der Schnee unerwartet stumpf war, sodass wir kniehoch einbrachen. Man hatte uns gewarnt. Dieser Friedhof war vor dem Krieg fast völlig vergessen gewesen, obwohl er auf seinem Hügel von der halben Stadt aus zu sehen war, zu sehen von den Hügeln gegenüber, auf der anderen Seite der Miljacka, zu sehen von manchem Platz und aus vielen Häusern unten am Fluss. Doch die Bevölkerung Sarajevos hatte ihren alten jüdischen Friedhof so vergessen, dass der muslimische Dichter Abdullah Sidran ihn vor dem Krieg als Inbild der Verlassenheit beschrieb. Den Generationen toter Sepharden, denen in Sarajevo keine neuen mehr folgen würden, hatte er im Gedicht nachgerufen:

»Schlaft, ihr, die ihr auch den letzten Weg
zurückgelegt habt. Schlaft, die Zeit wird vergehen.
Schlaft, es wird keine Zeit mehr geben. Schlaft,
nichts wird es mehr geben, und es wird sein,
als hätte es niemals etwas gegeben.
Schlaft, der Himmel kennt kein Erinnern.«

Dieser Friedhof, den alle, die ihn vergessen hatten, täglich sehen konnten, war im Krieg entdeckt und dem Krieg nutzbar gemacht worden. Wer den Überfall auf eine Stadt plant, sieht sich diese Stadt genau an, er sucht nach Orten, von denen er den Angriff führen, nach Winkeln, in die er sich zurückziehen kann. Der Krieg um Sarajevo begann auf dem jüdischen Friedhof, den vorher kaum jemand mehr bemerkte oder besuchte. Ein paar Hundert Meter unterhalb des Friedhofs überquert eine unscheinbare Brücke namens Vrbanja die Miljacka und verbindet die beiden Stadtteile Marindvor im Norden und Kovačići im Süden. Am 5. April 1992 waren viele Sarajevoer auf die Straße gegangen, um gegen die Teilung ihrer Stadt in ethnische Zonen zu demonstrieren. Es ist eine Lüge, dass die Bewohner Sarajevos ihre Stadt selbst zerstört, dass sie ihren ethnischen Zerfall gewollt und aus Eigenem herbeigeführt hatten. Zu Tausenden sind sie Woche für Woche gegen die Barrikaden angerannt, die von der jugoslawischen Volksarmee, die längst zur serbischen Nationaltruppe geworden war, mitten durch die von jeher ethnisch gemischten Viertel gezogen wurden. Ausdauernd hatten die Serben, Kroaten, Muslime, Juden Sarajevos gegen die Teilung ihrer Stadt aufbegehrt, und erst als sie merkten, wie allein gelassen und von allen verraten sie in diesem Kampf waren, kapitulierten nach und nach zumal junge Männer vor dem Ansturm des Nationalismus und machten sich aus den großen Wohnblocks auf, um auf die Hügel, zu den Belagerern zu gelangen, sich den Mördern zuzugesellen und auf die eigene Stadt hinunterzuschießen.

Der Krieg begann an jenem 5. April 1992, als Hunderte vor den Barrikaden angetreten waren, mit denen die Partei des Radovan Karadžić über Nacht das Stadtviertel Grbavica abgeriegelt hatte. Aus einem Haus unweit des jüdischen Friedhofs zielte ein Scharfschütze in den Friedensmarsch, der gerade die Vrbanja-Brücke passierte, und er traf die Medizinstudentin Suada Dilberović. Es war ein böser Zufall, dass gerade sie das erste Todesopfer des Krieges um, des Krieges gegen die Stadt Sarajevo wurde, aber mehrere Leute sagten mir, dass der Zufall sich nicht ganz zufällig ausgerechnet diese junge Frau ausgesucht hatte.

Denn die Familie der Medizinstudentin war aus Dalmatien zugewandert, das Opfer kam also aus Kroatien, war aber keine Katholikin, sondern Muslimin, und sie war zwar Muslimin, aber keine, wie sie die vereinigten christlichen Fundamentalisten am liebsten haben, also nicht verschleiert oder wenigstens mit Kopftuch unterwegs, sondern eine schöne, blonde, selbstbewusste Frau, die Ärztin werden wollte und in allem jenes Sarajevo personifizierte, das den Kriegern der ethnischen Separation verhasst war: ein

Mensch von ungeklärter ethnischer Zugehörigkeit, eine Frau von urbanem Wesen, so wurde Suada Dilberović, die am Sonntag, den 5. April 1992, auf der Vrbanja-Brücke, die heute Brücke-Suada-Dilberović heißt, verblutete, zur ersten Toten des über alle Fernsehstationen der Welt übertragenen Krieges.

Wer seine Stadt vernichten will, braucht Stützpunkte, und der jüdische Friedhof, im Krieg und für den Krieg wieder entdeckt, war ein solcher Stützpunkt. Hinter den uralten Grabsteinen, die auch Monumente der Toleranz und Friedfertigkeit waren, weil sie an Menschen erinnerten, deren Vorfahren von weit her aus der Unfreiheit im Westen gekommen waren, um hier, im Osten, nach ihrer Fasson glücklich zu werden, hinter den uralten Grabsteinen wurden die Geschütze postiert, und aus dem hoch über der Stadt gelegenen oberen Teil des Friedhofs krachten monatelang die Haubitzen in die Stadt hinunter. Man hatte uns gewarnt. Als die Milizen nach über drei Jahren den Friedhof und die umliegenden Stadtteile Kovačići und Grbavica verlassen mussten, haben sie die Häuser Straße um Straße gesprengt und den Friedhof Meter für Meter vermint. Die norwegische Hilfsorganisation »Peoples Aid« brauchte ein halbes Jahr, um ihn mit Suchgeräten von den Tretminen zu befreien, aber vielleicht waren von den Abertausenden, die die Belagerer verstreuten, als sie sich davonmachten, ein paar unentdeckt geblieben? Als wir den Friedhof langsam hinunterstiegen, stießen wir auf einen schönen Grabstein, auf dem eine vor über hundertsechzig Jahren gestorbene Mutter, die zeitlebens keine andere Gerechtigkeit als das Verzeihen und als einziges Gesetz die Liebe kannte, von ihren Kindern spaniolisch betrauert wurde: »Madre que non conoce/otra justicia que el per-don/ni mas ley que amor.«

Aus dem Friedhof nach draußen tretend, schauten wir auf den riesigen Schutthaufen, der der Stadtteil Kovačići war. Ein alter, gebeugter Mann zog mühsam die steile, vom Schnee nicht geräumte Gasse herauf. Er trug ein paar schwere Plastiksäcke, und als er unsere Höhe erreicht hatte, hielt er lächelnd an und richtete sein Wort in einem äußerst mangelhaften Französisch an uns, das umso schwerer zu verstehen war, als er nur ein paar Zahnstummel im Mund hatte und die Silben undeutlich vernuschelte. Wir standen ein paar Minuten bei ihm, der sich nach unseren Plänen er-kundigte und fragte, wie uns Sarajevo gefalle, dann machte er sich wieder auf den Weg und zog, ein hagerer Greis, mit der mehrfach wiederholten Feststellung, dass er zweiund-fünfzig Jahre alt sei, cinquante-deux, den Hügel hinauf, an Ruinen vorbei, irgendeiner Ruine entgegen.

3

Als ich zum ersten Mal in das düstere, von Rauchschwaden durchzogene Foyer der Jüdischen Gemeinde trat, saßen auf den Stühlen entlang der Wände vielleicht zehn alte Herren. Von dem großen Raum führten links die Türen zu einer Art Cafeteria und in die Büros der Gemeinde, in denen Jakob Finci residierte, nach rechts aber Treppen zu den höher gelegenen religiösen Räumlichkeiten. Die al-ten Männer saßen da, tranken Mokka aus kleinen Tassen oder gelblich trüben Schnaps aus Gläsern, rauchten und schwiegen. Sie hatten sich nicht um einen Tisch gruppiert, sondern, wie es in den südlichen Ländern im Freien üblich ist, die Stühle der Wand entlang aufgestellt, sodass sie sich, da etliche Sessel leer waren, reihum im ganzen Raum verteilt hatten. Da saßen sie, die meisten im aufgeknöpften Mantel und mit Hut oder Mütze auf dem Kopf, als hätten sie nur auf einen Sprung vorbeigeschaut und wären bereit, jeden Moment wieder aufzustehen und zu gehen. So halten sie es immer, vielleicht schon ein paar Hundert Jahre lang, sie bleiben, aber sie bleiben wie auf Abruf, und es ist das Unglück ihrer späten Tage, dass in den letzten Jahren die meisten ihrer Freunde und Verwandten abberufen wurden, aufgestanden, hinausgegangen und emigriert sind.

Als ich eintrat, registrierten sie das gleichmütig, fast ein jeder auf dieselbe Weise, mit einem kurzen Blick, nicht gerade mit aufdringlicher Neugier, aber doch aufmerksam. Da ich nach ein paar Schritten Hilfe suchend stehen blieb, erhob sich im äußersten Eck ein drahtiger Mann mit festem grauen Haarschopf, eine erloschene filterlose Zigarette in der einen, ein Schnapsglas in der anderen Hand, und trat mit der Frage, ob er helfen könne, zu mir. Ich sagte ihm meinen Namen, dass ich aus Salzburg und gekommen sei, weil ich mich seit Längerem für die Sepharden interessiere, und er antwortete, indem er den Bau meines Satzes spöttisch wiederholte: »And my name is Albahari, I come from Sarajevo, and I am also interested in the Sephardim.« Das war mit wohlwollender Ironie gesagt, doch hatte ich etwas, was daraus sofort Sympathie für mich machte; der Name, mit dem sich der Alte vorstellte, erinnerte mich nämlich an einen Schriftsteller aus Belgrad, von dem ich vor Jahren ein Prosastück in meiner Zeitschrift abgedruckt und den ich später als einen Mann von kalt glühender Verzweiflung kennengelernt hatte, als er einen Abend lang einer Runde österreichischer Zuhörer über Jugoslawien berichtete, das gerade zerfallen war, und über die Jüdische Gemeinde von Belgrad, zu deren Gemeindevorsteher er sich damals, als so viele Juden Serbien verließen, aus einer Art aussichtslosen Pflichtgefühls hatte wählen lassen. Als ich ein wenig übertreibend erwähnte, mit einem Schriftsteller gleichen Namens, David Albahari, befreundet zu sein, ließ der alte Mann die Zigarette im selben Moment fallen, damit er mir kräftig und lange die Hand schütteln konnte, rief »my nephew, my nephew David« und ließ vor Begeisterung den Schnaps aus dem Glas schwappen. Obwohl er damals die Emigration als definitive Niederlage bezeichnet hatte, war David Albahari letztlich doch emigriert und ans andere Ende der Welt, in eine kanadische Universitätsstadt, gezogen; dort lebte er, wie er in seiner Erzählung »Tagelanger Schneefall« berichtete, unbehelligt von europäischen Feindschaften und umgeben von freundlichen Studenten und Kollegen, die ihm gerne erklärten, was in Bosnien am Roten Meer alles falsch gelaufen war und warum sich die Leute von Sarajevo um den Zugang zum Wasser so fürchterlich zerstritten hätten.

Sein Onkel, der mir jetzt gegenüberstand, Moshe Albahari, war pensionierter Oberst der jugoslawischen Luftwaffe. Fünfundzwanzig Jahre lang hatte er die Piloten einer Armee gegen einen Feind ausgebildet, der nie kam, und als seine Piloten eines Tages doch noch in einem Krieg eingesetzt wurden, da wurde er nicht gegen einen Feind geführt, den es hinter die Grenzen Jugoslawiens zurückzuwerfen galt, sondern gegen die Bundesgenossen, die den gemeinsamen Staat nach alten inneren Grenzen zerfallen ließen. Moshe Albahari war aber auch Konstrukteur gewesen, ein eigenes Kleinstflugzeug, das nur zweihundertachtzig Kilogramm wog, wurde nach seinen Plänen entwickelt, ohne dass die Produktion je in Serie gegangen wäre. Überhaupt sei alles vergebens gewesen, das Flugzeug, die Luftwaffe, die Ausbildung! Wie sein Neffe wäre auch sein eigener Sohn nach Kanada emigriert, sagte Moshe, und fast alle seine Freunde waren tot oder fort. Er deutete auf die Runde alter Männer, die jetzt, als wüssten sie, was er von ihnen erzählte, mit freundlicher Resignation herübernickten – ein Altersheim, verstehen Sie, nichts anderes als ein Altersheim sei die Jüdische Gemeinde von Sarajevo heute. Alle sind sie weg, die Jungen, die es sich zutrauten, anderswo neu anzufangen, die Gebildeten, die in irgendwelchen Colleges in der amerikanischen Provinz Unterschlupf fanden, die Alten, die in Israel Verwandte hatten. Er aber werde bleiben, so wahr er Moshe Albahari heiße, ausharren mit diesen anderen da, die sich Tag für Tag hier trafen, gemeinsam rauchten, tranken – und warteten.

Ich bin kein Israeli, sagte Moshe, warum soll ich nach Israel? Ich bin kein Amerikaner, was soll ich jetzt in Amerika? Früher hätte es ihn interessiert, sich drüben einmal umzuschauen, aber zum Sterben nach Amerika fahren? Von den tausendfünfhundert Juden, die vor der Belagerung noch in Sarajevo gelebt hatten, wäre über die Hälfte ausgewandert. Als Sarajevo für drei Jahre eingekesselt und kein Entkommen möglich war, hatten die Kriegsparteien sich darauf geeinigt, die Juden ziehen zu lassen. Im großen Konvoi, der unter dem Schutz der Vereinten Nationen stand, wurden sie aus der Stadt gebracht, die ihnen

Auf der großen Straße, Zmaja od Bosna

kein kleines Jerusalem mehr war. Vor fünfhundert Jahren waren die Sepharden in äußerster Bedrängnis aus Spanien hierhergezogen, jetzt verließen sie ihr Sarajevo, ihr Bosnien wieder. Es war aber nicht der Antisemitismus, der sie vertrieb, auf diese Klarstellung legte Moshe großen Wert. Durch den Rauch der Zigaretten, den er beim Reden mit rudernden Armbewegungen im Raum verteilte, fasste er mich immer wieder scharf ins Auge: Nein, in Jugoslawien hat es keinen Antisemitismus gegeben, und selbst zuletzt, als sich jeder gegen jeden aufhetzen ließ, waren die Juden davon ausgenommen. Vielleicht, sagte Moshe, hatten die drei großen Volksgruppen in Bosnien einander so fanatisch gehasst, dass für den Hass auf die Juden einfach keine Zeit und Kraft mehr übrig war. Achtungsvoll sprach vielmehr eine jede nur von »unseren Juden«, und darum gestatteten sie es ihren Juden auch, die Stadt mitten im Krieg zu verlassen. Die Juden gingen, weil es für sie keinen Sinn hatte, dort zu bleiben, wo der Nationalismus regierte. Sobald Bosnien als Staat der vielen Völker zerstört wurde, konnten sie, die kleinste Bevölkerungsgruppe, die auf das friedliche Zusammenleben der anderen angewiesen war, hier keine Zukunft mehr haben. Aber Bosnien wird umgekehrt auch keine Zukunft ohne Juden haben, denn alle sprechen hier nur mehr für die eigene ethnische Gruppe und deren Platz im Land, einzig die Juden mussten, wenn sie von sich selbst und ihrer Gemeinschaft sprachen, zugleich von ganz Bosnien sprechen. Gibt es kein Bosnien mehr, in dem für alle bosnischen Volksgruppen Platz ist, können die Juden nicht mehr in Bosnien bleiben – aber gibt es keine Juden mehr in Bosnien, gibt es in Wahrheit auch dieses Land nicht mehr.

»Sondern was?«

»Irgendwas anderes, das mich nicht interessiert. Irgendeinen Staat mit irgendeiner Fahne.«

Noch während mir Albahari das alles erzählte, wusste ich, dass ich diesen Mann, wenn sonst aus keinem Grund, sicherlich wegen seiner merkwürdigen Art zu lachen in Erinnerung behalten müsste. Er beendete seine Sätze stets mit einem leisen Lachen, das bitter, aber nicht verbittert war, es klang, als würde er allem, was er mitzuteilen hatte, mit diesem kurzen Auflachen einen endgültigen Punkt, einen Schlusspunkt dahintersetzen, und in der Art, wie er diesen Punkt setzte, war nichts Jammervolles, wenngleich die Unabänderlichkeit, die sie betonte, tieftraurig war: Meine Frau ist tot, mein Sohn ist weg, meine Freunde sind ausgewandert, die fünfhundertjährige Geschichte der Juden in Sarajevo geht zu Ende, und dieses Ende, das das Ende einer historischen Periode und das Ende so vieler persönlicher Hoffnungen und Gewohnheiten ist, kommt unabänderlich, ist nicht mehr aufzuhalten, weder durch finanzielle Unterstützung aus dem Ausland noch durch spirituelle Besinnung in Sarajevo selbst.

»Ich bin kein Israeli. Ich bin kein Amerikaner. Jugoslawien gibt es nicht mehr. (Lachen) Bosnien gibt es nur mehr als Einbildung. (Lachen) Ich bin ein sephardischer Jude, der nicht Spanisch kann. (Lachen) Soll ausgerechnet ich nach Spanien zurück?

– Wäre das überhaupt möglich?

– Der spanische König hat angeordnet, wahrscheinlich weil er ein schlechtes Gewissen wegen seinem verrückten Verwandten von damals hat, dass allen bosnischen Sepharden, die nach Spanien möchten, die Einreise ermöglicht werde. Wenn sie in Spanien bleiben wollen, erhalten sie unverzüglich die spanische Staatsbürgerschaft, müssen dafür aber die bosnische zurücklegen.

– Ist das so schlimm?

– Überhaupt nicht, aber wir Juden haben gelernt, immer nach vorne zu schauen. Wenn der Mensch ein Tier wäre, das in der Vergangenheit lebt, dann hätte er seine Augen im Genick, um zurückschauen zu können. (Lachen) Ich schaue nicht zurück, immer vorwärts: And my history goes cemetery.« (Lachen)

4

Die »Provare« ist eine schmale Straße, die an einem kleinen, bereits ziemlich hoch über der Innenstadt, dem Fluss und dem Bazar gelegenen Plätzchen beginnt und in einem leichten Bogen steil den alten Stadtteil Bjelave hinaufzieht. Wie die halbe Stadt war auch diese Straße im kalten Februar für Autos unpassierbar, nicht weil es zu eisig gewesen wäre, sondern weil der Schnee, der im Millenniums-Winter reichlich fiel, von der Stadtverwaltung außerhalb des Zentrums nicht weggeräumt und auch von den Bewohnern nicht aus eigener Initiative beseitigt wurde. Bis auf zwei schmale Streifen entlang der ein- oder zweistöckigen Häuser, auf denen die Fußgänger vorsichtig auf- und abwärts tappten, bestand die Straße jetzt aus einem betonharten, rund einen Meter hohen Haufen, der die Straße vom Plätzchen unten bis zur Kuppe des Hügels hinaufbegleitete und der von dem Schnee herrührte, der in den letzten Monaten irgendwann von den schrägen Dächern gerutscht oder einfach vom Himmel gefallen war. Kinder und jüngere Leute, die sich beim Gehen einen Spaß machen wollten, gingen auf diesem mächtigen Haufen und stiegen so über manches Auto, das von seinem Besitzer zu Beginn des Winters stehen gelassen worden war und unter dem harten Schnee überwinterte. Frauen mit Kinderwagen kamen hingegen fast nicht vom Fleck, ältere Leute taten gut daran, in ihrem Viertel zu bleiben, und die zahlreichen Rollstuhlfahrer Sarajevos waren ohnehin von Dezember bis März auf ihre Wohnung oder die Begleitung starker Freunde angewiesen.

Dass die Bewohner Sarajevos so achtlos mit ihrer Stadt umgingen und das Leben denen von ihnen, die nicht stark und tüchtig waren, so schwer machten, war eine Folge der Belagerung und des Krieges, der die alltäglichen Sitten verrohte und das urbane Gleichgewicht auch durch den Ab- und Zuzug großer Bevölkerungsgruppen ins Kippen brachte. Viele geborene Städter verließen ihre Stadt, deren Namen nicht nur in Bosnien als Synonym für die Stadt selbst verwendet wurde, zogen in die neu gebildete Republika Srpska oder irgendwo sonst hin, wo man sie als Flüchtlinge oder Gastarbeiter ins Land ließ; vertriebene, zwangsumgesiedelte Leute vom Land wiederum nahmen ihre Stelle ein und veränderten damit drastisch das Bild der Stadt, das Gepräge ganzer Viertel. Eine Metropole hatte ihre Einwohnerschaft gewechselt, und vieles, was in einer gut verwalteten Stadt so selbstverständlich funktioniert, dass es einem gar nicht auffällt, klappte in Sarajevo nicht mehr. Selbst im Stadtzentrum, wo die hohen repräsentativen Gebäude stehen und Tausende bei jeder Witterung bis spät in die Nacht flanierten, fühlte sich niemand für das, was um ihn geschah und was seiner eigenen Stadt widerfuhr, verantwortlich. Vier Einwohner wurden im letzten Winter von Eisbrocken erschlagen, die irgendwo in der Maršala Tita oder einem anderen Boulevard von sechs- und mehrstöckigen Häusern niedersausten, und immer wieder hörten wir auch in diesem Winter das eigentümlich sirrende Pfeifen, dem ein explosives Krachen folgte, wenn der Eisbrocken knapp neben oder hinter den mit gleichmütiger Eile ihren Zielen zustrebenden Leuten am Pflaster aufschlug.

Wir waren in einem Haus am unteren Ende der Provare untergebracht, nah bei der kleinen Moschee, die nie jemand besuchte, offenbar gar keine Öffnungszeiten hatte und deren Tor als einziges in der Straße völlig von den Schnee- und Eismassen freigeschaufelt war. Sie schien nicht in Betrieb zu sein, und doch rief zu den vorgeschriebenen Stunden aus ihren elektrischen Lautsprechern ein ferner Muezzin die Gläubigen zum Gebet. Mit ihrem Minarett stand sie in dieser Gegend wie ein Wahrzeichen dafür, dass der Islam gestärkt aus einem Krieg hervorgegangen war, der mit unerhörter Grausamkeit gerade gegen die Muslime gewütet hatte; gestärkt, weil erst die Ethnisierung der Politik viele wieder zu Muslimen machte, die sich vorher nicht zu einer Religionsgemeinschaft, nur zu einer vage islamischen Familientradition bekannt hatten.

Je höher es die Provare hinaufging, umso armseliger wurden die Behausungen, und ganz oben auf der Hügelkuppe stand in der ersten Querstraße, der ulica Selim Kurtočajska, das vorstädtische Wirtshaus Višnjik. Mit Ausnahme der wenigen Gäste, die zum Essen gekommen waren, saßen die Männer auch hier nicht um Tische herum, sondern an den Wänden der Gaststube entlang. Sie tranken, beachteten den Fernseher, der im Eck hoch über ihren Köpfen lief und dessen amerikanischem Film der Ton abgedreht war, nicht weiter, hörten dem leiernden Klagen der bosnischen Volkslieder zu, die beständig aus dem Radio kamen, und diskutierten über den Raum hinweg, durch den die resolute Wirtin, die einzige Frau, flink Bier und Schnaps servierte.

Die Wirtsstube war hässlich und heimelig, von der Decke leuchteten Neonröhren, am Tresen und bei den Fenstern standen Lampen mit roten Samtschirmchen, an jeder Wand hing ein Kalender mit vollbusigen Blondinen, die wenigen Tische waren mit Blumenvasen aus Kunststoff und elfenbeinfarbenen Plastikengeln verziert. Plötzlich wurde es laut, vier, fünf Männer brüllten quer durch den Raum auf einen ungerührten Hünen ein, der sie schreien ließ und wartete, bis sie aufhörten. Dann sagte er ein paar scharfe Worte, und wieder erhob sich ein Tumult, ein paar der Männer hielt es nicht auf ihren Plätzen, drohend näherten sie sich dem gelassenen Biertrinker, ballten im Schreien die Fäuste und blickten einander, da der Hüne sich nicht weiter um sie kümmerte, mitten im Brüllen Hilfe suchend an.

Endlich sprang einer vor und drosch so fest auf das Tischchen des schweigsamen Provokateurs, der so sehr wie durch seine Reden mit seinem Schweigen zu provozieren wusste, dass er sich am Aschenbecher eine blutende Wunde holte. Damit war der Bann gebrochen, und alle begannen zu lachen, den Kopf über den tollen Ausbruch zu schütteln, der Große hielt die verletzte Hand des wieder lammfromm gewordenen Mannes fürsorglich in der seinen und drehte sie, den Riss begutachtend, hin und her, die Wirtin, gute zehn Jahre jünger als die meisten Männer, wies die Gäste schimpfend wie ungezogene Schulbuben zurecht, und in der Freude, die unvermittelt alle erfasst hatte, wandten sich ein paar jetzt uns zu, die wir im Laufe des Abends immer verstohlener in unserer Ecke gesessen waren. Nachdem es lange genug hin- und hergegangen war, musste ich ihnen doch bekannt geben, was ich mit meinem Besuch in Sarajevo bezweckte, und als ich die Sepharden und die Jüdische Gemeinde erwähnt hatte, wurden sie merkwürdig ruhig, redeten nicht mehr durcheinander, aber einer nach dem anderen steuerte etwas zu dem Gespräch bei, das uns vielleicht interessieren oder uns weiterhelfen würde; Bjelave selbst, das ganze Viertel, war vor vielleicht hundert Jahren vornehmlich von Juden bewohnt gewesen, sagte der eine, aber das sei schon lange vorbei, und der Nächste wollte uns unbedingt mit einem Bekannten zusammenbringen, der jetzt gerade nicht hier wäre, aber alles von der Geschichte der Stadt wisse, was der Dritte mit einer verächtlichen Handbewegung als grobe Überschätzung kenntlich machte.

Der Hüne aber sagte einen Satz, der mich erschrecken und sogleich hoffen ließ, ich hätte ihn falsch verstanden und ihn mir nicht richtig zusammengereimt, doch wiederholte er ihn auf meine Nachfrage. »Ja, zu viele sind zuletzt Juden geworden!« Ein paar widersprachen, aber nicht heftig und nicht so, als wäre eben ein Tabu verletzt worden. War ich in dieser Stadt, von der die Juden sagten, sie kenne keinen Antisemitismus, in diesem schäbigen Wirtshaus am Rand eines schäbigen Viertels ausgerechnet dem einzigen Judenfeind begegnet? Als sie meine Unsicherheit bemerkten, redeten nun wieder alle auf mich ein, und was ich verstand, war dies: Weil die Juden, die Sarajevo verlassen wollten, im Konvoi aus der Stadt gebracht wurden und nach Amerika, Kanada, Israel, Spanien auswandern durften, hätten viele in ihrer Familiengeschichte zu suchen begonnen und eine jüdische Urgroßmutter gefunden oder eine andere jüdische Verwandtschaft erfunden. Und die Juden, als sie aus Sarajevo hinausgeschleust wurden, hätten sich vielleicht gewundert, welche Leute, die sie kannten, auf einmal auch Juden sein mochten, aber nichts weiter daran gefunden, dass sie die Stadt zusammen mit ihnen verließen.

Als die Wirtin die ganze Bagage hinauswarf, war es fast Mitternacht. Eben noch waren wir im warmen Wirtshaus eine Gemeinschaft der Zecher gewesen, doch kaum dass wir vor der Tür waren, verschluckte die Nacht die Gäste, die sich umstandslos in alle Richtungen davonmachten und sogleich in der Finsternis verschwunden waren. Die Stadtviertel auf den Hügeln hatten selten Straßenlaternen, und von den wenigen, die es gab, waren die meisten kaputt. Während unten, wenn man über die Maršala Tita in die Ferhadija, die erste Straße der Fußgängerzone, einbog, das städtische Leben selbst im Winter bis in die Nacht pulsierte, herrschte auf den Hügeln jene urplötzlich hereinbrechende ländliche Stille. Die Straßen starrten finster, und auch in den meisten Häusern waren die Lichter längst ausgeschaltet. Als wir die Provare abwärtsrutschten, bellten aus den zerfallenen Schuppen und Garagen wütend die Hunde; am unteren Ende der Straße ragte das Minarett schwarz in die Nacht, und ich nahm mir vor, unbedingt Jakob Finci zu fragen, was es mit der Geschichte, die mir gerade erzählt worden war, auf sich hatte.

5

Von den acht Synagogen, die in Sarajevo gebaut wurden, stehen noch vier. Die erste, die auch den meisten Serailli unbekannt war, entdeckten wir vielleicht fünfzig Meter oberhalb der Altstadt in Mejtas, einem Viertel, das von einem der vielen Hügel im Norden zum Zentrum abfällt. In das schmutzige Plätzchen mündeten zwei Straßen und zwei enge Gassen, von denen die noch holprigere dem slowenischen Dichter Ivan Cankar gewidmet war. Das kleine, baufällige Gebäude wurde von Flüchtlingen bewohnt; eine Synagoge war das schon lange nicht mehr, doch erinnerten runde Email-Tafeln, die Davidstern und Menora zeigten, an die Geschichte des Hauses.

Die zweite, bedeutende Synagoge, einen großen grauen Quader fast ohne Fenster, fanden wir am Rande der Baščaršija, des Viertels um den historischen Bazar. Seit Jahrzehnten war in dieser Synagoge das Jüdische Museum untergebracht, von dessen Pracht uns viele Lokalpatrioten vorgeschwärmt hatten, die eigenartigerweise alle nicht wussten, dass das Museum schon im neunten Jahr geschlossen hielt, weil das kriegsbeschädigte bosnische Nationalmuseum es als Depot benutzte und tatsächlich vom Keller bis unter das Dach vollgeräumt hatte.

Zur dritten, der größten Synagoge führte uns Mehmed Aličehajić, ein pensionierter Deutschprofessor, der uns als »wandelndes Lexikon Sarajevos« beschrieben worden war. Wir hatten mit ihm einen Termin im Café Imperial in der Maršala Tita vereinbart, einem der legendären Kaffeehäuser Sarajevos, die genauso gut in Wien stehen könnten, nur wären sie dort nicht so verraucht und laut, und pünktlich auf die Minute wurde ein würdiger alter Herr durch den brechend vollen Raum an unseren Tisch geführt. Drei Stunden tranken wir mit ihm einen Mokka nach dem anderen und blätterten, während ringsum an den Tischen verliebte Schülerinnen und Schüler sich mit alten Damen und ungeniert in ihre Handys schreienden Geschäftsleuten abwechselten, in diesem Lexikon, das tatsächlich auf jede Frage zur Geschichte Sarajevos sofort den passenden Kurzartikel druckreif aus dem Gedächtnis rezitieren konnte. Als Auskunftgeber war Aličehajić umso wertvoller, als er bei allem, was er sagte, auch die Position darlegte, die er selbst zu den Dingen einnahm, wodurch er seinen Zuhörern die Chance gab, sich gegebenenfalls auch gegen ihn zu behaupten. Seine Situation war seit dem Zerfall Bosniens familiär – natürlich waren auch seine Kinder emigriert –, materiell und intellektuell gleichermaßen prekär. So konnte er von seiner Herkunft nicht anders, als sich den Muslimen zuzurechnen, und das, obwohl er seit seiner Jugend Atheist war. Erst der Zwang, sich bei Volkszählungen ethnisch-religiös zu definieren, hatte aus ihm wieder einen Angehörigen dieser einen Bevölkerungsgruppe statt eines Bosniens gemacht, das gerade durch die Existenz von mehreren ethnischen und religiösen Gruppen und die vielfältigen Übergänge zwischen ihnen geprägt war.

In der Geschichte Sarajevos, erklärte mir Aličehajić mit leiser, eindringlicher Stimme, wirkte stets eine merkwürdige Dialektik, die jene zu Verlierern machte, die gerade am Siegen waren. Keiner hatte etwa den Christen Bosniens Schlimmeres zugefügt als der christliche Feldherr Prinz Eugen, der doch mit der gesamten Militärmacht des

Abendlandes angetreten war, die Ausbreitung des Islam zu verhindern und die Bastionen des Christentums zu sichern. Am 2. Oktober 1697, einem der düstersten Tage der Stadt, hatte der Sieger von Zenta seinen Truppen die Plünderung der Stadt gewährt, und während zwei Tagen wurde sie, in der unter ottomanischer Herrschaft Juden, Moslems und Christen zumeist in Eintracht zusammenlebten, fast vollständig zerstört. Ein namenloser Dichter hat damals in einem Klagelied den Einzug des edlen Ritters und Retters des Abendlands beschrieben:

»Sie kamen und verbrannten das schöne Sarajevo.
Die Unschuldigen verjagten sie wie Vieh.
Sie kamen und verbrannten das schöne Sarajevo.
Wie viele Gebetsbücher und unzählige anderer
    Schriften,
Wie viele Moscheen wurden verbrannt und Altäre
    zerstört!
Zertrümmert und verwüstet wurde die ganze Stadt
    vom einen zum anderen Ende.
Sie kamen und verbrannten das schöne Sarajevo.
Selbst jene wurden jetzt gesehen, deren Gesichter
    vorher nicht einmal die Sonne hatte sehen dürfen!
Barfuß und ohne Kopfbedeckung wurden sie verjagt.
Ach, viele wurden so aus ihrem Glück gerissen.
Sie kamen und verbrannten das schöne Sarajevo.«

Als die Plünderer die rauchende Stadt verließen, zog die christliche Einwohnerschaft mit ihnen, da sie nicht grundlos die Rache ihrer malträtierten Nachbarn fürchten zu müssen glaubte. So hatte der christliche Feldherr mehr zur

Entchristianisierung Sarajevos beigetragen als irgendeiner der Sultane im fernen Konstantinopel.

Umgekehrt war die Herrschaft des Sultans segensreich zumeist für Juden wie Christen gewesen, ausgerechnet für die Moslems aber oft verheerend, denn nur sie waren würdig, in seinem heiligen Heer zu kämpfen, nur sie, nicht die Juden oder Christen, waren ausersehen, vor Wien oder sonst wo, wohin die Heereszüge der osmanischen Militärmacht führten, als Kanonenfutter in die Schlachten geworfen zu werden. Was immer auf der Welt kompliziert ist, sagte der Professor, ist in Bosnien noch komplizierter.

So kompliziert, dass sich ein jeder Täter als Opfer eines anderen Täters fühlte, war die Geschichte Bosniens im 20. Jahrhundert verlaufen. Zumal innerhalb des großen Krieges, dem der Name Zweiter Weltkrieg gegeben wurde, auf bosnischem Gebiet eine ganze Reihe kleinerer Kriege geführt wurde, die miteinander zusammenhingen, aber doch voneinander zu unterscheiden waren. Im ersten Krieg, der mit der Absicht, den Feind nicht nur zu besiegen, sondern zu vernichten, geführt wurde, suchten die kroatischen Ustaschi die serbische Bevölkerung Bosniens auszulöschen. In Kruscica, dem einzigen Konzentrationslager auf bosnischem Boden, ermordeten sie alle Serben, derer sie habhaft wurden; und in den Regionen um den Fluss Drina, der in der Geschichte oft die Grenze zwischen Serbien und Bosnien gebildet hatte, gab es auch eine moslemische Ustascha, die sich am vernichtenden Feldzug gegen die Serben beteiligte.

Nach den Serben waren die Juden an der Reihe. Sie wurden nach der deutsch-kroatischen Besetzung des Landes zuerst mittels einer Reihe von Gesetzen der völligen

Rechtlosigkeit ausgesetzt und ausgeplündert, dann aus den verschiedenen Städten wie Banja Luka, Bihać, Brčko, Tuzla, Travnik, Visoko und Zvornik nach Sarajevo verfrachtet und von dort deportiert – in das kroatische Konzentrationslager Jasenovac oder nach Deutschland. Wer konnte, suchte in den kleineren Teil Bosniens zu entkommen, der nicht von den Deutschen, sondern den Italienern besetzt war; der Minderheit von rund zweitausend Menschen, der es gelang, erging es in italienischen Lagern zumeist besser, bis nach der Kapitulation Italiens die SS die italienischen Lager übernahm und ihre Insassen, darunter auch die geflüchteten bosnischen Juden, nach Auschwitz schaffte. An der Drangsalierung der Juden, darauf legte Aličehajić Wert, und fast alle, mit denen ich noch sprechen sollte, würden ihm recht geben, waren außer Kriminellen, die sich schnell bereichern oder ihren sadistischen Neigungen einmal im Dienste der Obrigkeit nachgehen wollten, nicht viele Leute aus Sarajevo oder Bosnien selbst beteiligt; die kroatischen Ustaschi, die die Vernichtung der bosnischen Serben und Juden planten, stammten großteils nicht aus Bosnien, sondern kamen aus der Herzegowina westlich von Mostar, jenem Kernland eines spezifisch katholischen Faschismus, aus dem sich auch über fünfzig Jahre später die Garden aufmachten, um plündernd und mordend durch die Dörfer zu ziehen und von einem katholischen, einem ethnisch homogenen und, es sei geklagt, von einem »europäischen« Großkroatien zu schwärmen.

Noch während die Deportation der Juden 1942 im Gang war, drangen durchs Tal der Drina jedoch starke serbische Tschetnik-Verbände nach Bosnien, keineswegs mit dem Ziel, den Juden beizustehen, sondern im Schatten des einen Völkermordes selbst einen anderen zu begehen und die Moslems zu vernichten. Diese wären damals zweifellos dem Genozid zum Opfer gefallen, hätte nicht Tito seine Strategie geändert und seine Partisanen nicht gegen die deutschen Besatzer allein, sondern zuerst gegen diese serbischen Tschetniks geführt. Ohne Tito, rief Aličehajić durch den Lärm des Kaffeehauses, ohne Tito hätte es 1945 keine bosnischen Moslems mehr gegeben! Und nach 1945 wären in der Regierungszeit dieses Atheisten tausendzweihundert Moscheen und weitere achthundert religiöse Gebäude ohne Minarett in Bosnien errichtet worden!

Über all das, die Verbrechen, die aus ethnischen Motiven, aus nationalistischem Wahn, aus religiösem Fanatismus und der Gier, sich über das Blut des anderen in den Besitz seines Bodens zu setzen, verübt wurden, durfte nach 1945 jedoch nicht gesprochen werden. Tito verordnete denen, die einander hatten vernichten wollen und von ihm daran gehindert wurden, den gleichen Jugoslawismus, eine soziale Utopie des südslawischen Völkerfriedens, der auch das Schweigen darüber einschloss, was geschehen war.

Der alte Professor Aličehajić führte uns vom Café ein paar Straßen weiter in die Branilaca Sarajeva, vor das Haus mit der Nummer 24. Ein Schild wies den von starkem Straßenverkehr umbrandeten hässlichen Klotz als »Bosni kulturni Centar« aus, als bosnisches Kulturzentrum; das Haus wirkte klobig, aber im Ensemble der Straße geradezu unauffällig, und erst als wir um den ganzen Gebäudekomplex herumgeführt wurden und nach etwa zweihundert Metern durch eine unscheinbare Öffnung in einen Hinterhof traten, wurde uns mit einem Mal das monumentale Ausmaß der Anlage bewusst, die 1932 von den Sepharden als die größte Synagoge des Landes errichtet worden war. Sie war damals wie für alle Ewigkeit geplant worden, doch die Ewigkeit dauerte keine zehn Jahre mehr. Der Versammlungsraum bot neunhundert Menschen Platz; von den rund vierzehntausend Juden, die vor der Shoa in Sarajevo gelebt hatten, überlebten nicht viel mehr als neunhundert. Als 1945 nach und nach die wenigen Überlebenden aus den Konzentrationslagern zurückkehrten, die paar Dutzend Leute, die von ihren Nachbarn versteckt und über den Krieg gerettet wurden, wieder auf die Straße durften, und schließlich aus den Wäldern jene Juden zurückkehrten, die sich den Partisanen Titos angeschlossen hatten, da war ihnen bald klar, dass sich ein jüdisches Leben, wie es vor dem Krieg, wie es über vierhundertfünfzig Jahre eines gegeben hatte, in Sarajevo nie wieder werde entfalten können. Damals hatte die jüdische Gemeinde unter der Bedingung, das Gebäude einem kulturellen Zweck zuzuführen, ihre große sephardische Synagoge dem Staat geschenkt. In einem Klagelied hatte 1948 der sephardische Dichter Ham Mordehaj Konforti geschrieben:

»I jo me topo muj asolada
I de toda mi familija dezbarasado
No aj muzer, no aj izas ni jernos
No aj ermanas, no aj ermanos.

Und so bin ich völlig einsam
Meiner ganzen Familie beraubt
Keine Frau habe ich, keine Töchter noch
    Schwiegersöhne
Keine Schwestern habe ich und keine Brüder ...«

6

Die vierte Synagoge ist die einzige, die südlich der Miljacka liegt, und die einzige, die heute noch ihrem ursprünglichen Zweck dient. Es ist jene große Synagoge, die 1904 von den mit den Habsburgern ins Land gekommenen Aschkenazim errichtet wurde und mittlerweile nicht nur ein Gotteshaus, sondern auch eine Versorgungsstätte ist. Tatsächlich war es die Jüdische Gemeinde, die in den Jahren der Belagerung zahllosen Bewohnern Sarajevos das Überleben ermöglichte. Die Synagoge war ein Ort der Ausspeisung und der Versorgung mit Nahrungsmitteln und Medikamenten gewesen, und weil die Juden zwischen den drei großen ethnischen Gruppen standen und von diesen nicht als Feinde betrachtet wurden, die es zu vertreiben galt, kam einzig bei ihnen die Hilfe an, die ihnen Glaubensbrüder aus aller Welt angedeihen ließen.

Es stimmt schon, sagte Jakob Finci, ein einziges Mal in der Geschichte war es ein Vorteil, Jude zu sein, ausgerechnet in diesem Krieg. Als sich rund die Hälfte der in Sarajevo lebenden Juden aufmachte, ihre Stadt endgültig zu verlassen, da hatten ein paar Hundert, die vorher keiner als Juden kannte, plötzlich ihr Judentum entdeckt. Aber das dürfe man nicht falsch verstehen, denn zum einen gab es tatsächlich viele Familien, die in diesem Jahrhundert aus ganz verschiedenen Gründen ihrer jüdischen Herkunft entfremdet wurden – die ersten, weil ihnen Religion nichts bedeutete, die zweiten, weil sie sich durch die faschistische Ära retten wollten, die dritten schließlich, weil sie es, aus dem Konzentrationslager zurückgekehrt, ihren

Nachfahren ersparen wollten, einer Gemeinschaft anzugehören, die womöglich irgendwann wieder verfolgt werden würde. Und das andere war ohnedies kein wirkliches
Problem: Wenn da Leute waren, die Juden werden wollten, so gab es dafür religiöse Instanzen, die das anderswo
überprüfen und genehmigen oder aber verweigern werden,
die Jüdische Gemeinde von Sarajevo jedoch wollte keine
solche Kommission sein, von der die Flüchtlinge in echte
und falsche Juden geschieden würden.

Was ist ein Jude? Wer ist ein Jude? Vielleicht waren wirklich, wie das manche behaupteten, vierhundert Bewohner
Sarajevos im jüdischen Konvoi aus der Stadt geflüchtet und
womöglich sogar nach Israel eingewandert, die ihr Judentum so schnell entdeckten, wie sie es, einmal gerettet, wieder vergessen werden. Aber vielleicht waren auch welche
darunter, die sich jetzt mit dem Schicksal ihrer Vorfahren
auseinanderzusetzen, sich die religiösen Grundlagen des
Judentums als Erwachsene anzueignen begannen und, egal
wo auf der Welt, für jede jüdische Gemeinschaft eine Be-
reicherung darstellen werden. Wer weiß, sagte Jakob Finci,
der dabei heftig mit dem rechten Ohr wackelte und den
Eindruck erweckte, als wäre das keine der Fragen, die ihm
schlaflose Nächte bereiteten.

Tatsächlich war die Jüdische Gemeinde von Sarajevo
in den letzten Jahren zugleich reich und bettelarm geworden. Es würde ihm keine Schwierigkeiten bereiten, erklärte
Finci, irgendwo in den USA das Geld zusammenzubekom-
men, das für die seit Generationen überfällige Restaurierung des jüdischen Friedhofs nötig sei.

»Für die Toten bekommt man leichter Geld als für die
Lebenden! Glauben Sie mir, wenn es um die Restaurierung

des jüdischen Friedhofs von Sarajevo geht, würden es sich reiche Gemeinden in aller Welt als Ehre anrechnen, uns Hilfe zukommen zu lassen! Aber wie kann man ein paar Millionen in den Wiederaufbau eines Friedhofs stecken, wenn die Generation, die ihm altersmäßig schon am nächsten ist, regelrecht darbt. Wissen Sie, dass die Achtzigjährigen, ob sie Ärzte, Kaufleute oder Chauffeure waren, jetzt in halb zerschossenen Bruchbuden hausen, ohne jede Versorgung sind und im Alltag ganz allein gelassen werden, seit ihre Kinder und Enkel ausgewandert sind? Solange es diesen Leuten so schlecht geht, kann der Friedhof ruhig so bleiben, wie er ist.«

7

Über Nacht hatte es zu tauen begonnen. An den Hauswänden schossen die Bäche abwärts, den vielen hängenden Parks, der Mitte der Stadt, dem Fluss entgegen. Von der Provare in Richtung Innenstadt gehend, stößt man nach ein paar Minuten auf eine große Villa, die auch am Semmering im Süden von Wien stehen könnte und doch die Adresse Sarajevo, Džidžikovac Nr. 21, hat. Es ist das Gebäude der Österreichischen Botschaft, und zwischen ihm und dem großen Boulevard Maršala Tita, über den der Verkehr mehrspurig vom Bazar in die westlichen Stadtteile fließt, erstreckt sich ein kleiner Park, der vom Semmering zum südslawischen Boulevard in schönen, sanften Schwüngen vielleicht dreißig Höhenmeter verliert. Nach Osten zu wird der Park von einem hohen Wohnblock beschlossen, für dessen Bewohner er Spielplatz, Garten vor dem Haus und Revier alter Spaziergänger ist. Von überall sprang das Schmelzwasser jetzt in den tief verschneiten Park, in dem es versickerte, um dann unten, an der großen Straße, wieder herauszukommen und riesige Pfützen zu bilden. Im Park herrschte bewegtes Vorstadtleben. Im oberen Teil rodelten zwei Dutzend Kinder, von ein paar rauchenden Müttern beaufsichtigt, unten, wo das Gelände flach wird, hatten die Größeren den Schnee festgestampft, sodass sie auch im Winter Fußball spielen konnten; es waren nur zwei Dreizehn- oder Vierzehnjährige, die jetzt da waren und Elfmeterschießen oder eher Elfmeterhalten übten, denn offenbar waren beide mehr an der Position des Tormannes interessiert. Auf halber Höhe des Parks war ein Viereck von vielleicht dreißig Quadratmetern mit grün gestrichenen Holzlatten eingezäunt, das war der Friedhof des Wohnblocks. Zwanzig Gräber von Kindern, die alle zwischen 1992 und 1994 starben, von Scharfschützen erschossen, als sie auf ihrer Wiese Ball spielten, in die Schule liefen oder mit ihren Müttern einkaufen gingen, waren hier während der Belagerung angelegt worden. Über den kleinen Friedhof inmitten des Parks bewarfen sich die Geschwister der Begrabenen mit Schneebällen, und ihre Rufe klangen so ausgelassen wie überall, wo Schneeballschlachten geführt werden.

Die Friedhöfe von Sarajevo, erklärte uns Dževad Karahasan, fanden sich von jeher auf den Hügeln der Stadt. Während der Belagerung war es aber oft zu gefährlich, die Gestorbenen dort zu begraben, weil die Trauernden auf diesen von weit her sichtbaren Friedhöfen ein vortreffliches Ziel für die Scharfschützen abgaben, und so entstanden überall, wo die Leute lebten und starben, kleine

Gräbersiedlungen. Dževad war 1993 nach Salzburg gekommen, als Flüchtling, der zuerst in dieser Stadt Aufnahme fand, später in Göttingen an der Universität lehrte, dann nach Graz zog – wo er heute die Hälfte seiner Zeit verbringt, während er die andere wieder in Sarajevo lebt. Ihn zieht es stark in seine Stadt zurück, während seine Frau, die Schriftstellerin Dragana Tomašević, deren Mutter während der Belagerung ermordet wurde, Sarajevo am liebsten für immer verlassen hätte. In seinen Salzburger Tagen, als Karahasan sein »Tagebuch der Aussiedlung«, dieses wunderbare Buch der Liebe zu Sarajevo, veröffentlichte und schon an seinem großen Roman »Schahrijars Ring« schrieb, dessen komplizierte Struktur er mir damals mittels verschiedener, in mein Notizbuch gezeichneter Kreise erläuterte, waren wir öfters zusammen gewesen, und seit damals bezeichnete er sich und mich, wo immer wir uns trafen, stets als die zwei »Patrioten des Café Mozart«, des schönsten Kaffeehauses von Salzburg, in dem wir uns meist getroffen hatten und das kurz darauf wegen mangelnden Geschäftsganges geschlossen worden war.

Dieses Mal trafen wir uns im Café Bosna, und Dževad zeigte uns einen Nachmittag lang seine Stadt. Zuerst die Gotteshäuser der vier Religionsgemeinschaften in der Baščaršija, die Ferhadija-Moschee, die Synagoge, die Kathedrale der Katholiken, den Dom der Orthodoxen, alle fast auf Rufweite in einem Geviert der Altstadt errichtet. Geradezu lebensfremd und lebensfeindlich sei die politische Entscheidung von 1945 gewesen, Nationalität und Religion miteinander zu identifizieren, die Katholiken also zu Kroaten, die Orthodoxen zu Serben und die Muslime zu sogenannten Bosniaken zu erklären, sagte Karahasan.

Das widersprach nicht nur der alltäglichen Existenz des Einzelnen, sondern trug auch den Keim der Spaltung in sich: Menschen, die sich national, wenn überhaupt, dann als Bosnier oder Jugoslawen gefühlt hatten, wurden nun über die Religion, der sie sich oft gar nicht, jedenfalls nicht in einem ausschließenden Sinn zugehörig wähnten, voneinander getrennt.

Im alten Rathaus, am äußersten östlichen Rand der Baščaršija, war bis zum Krieg die Nationalbibliothek untergebracht, eine Bibliothek, die unersetzbare, weltweit einzigartige Handschriften gerade aus jener frühen Neuzeit barg, da das Judentum und der Islam in Sarajevo aufeinandertrafen und sich in mancher faszinierenden Persönlichkeit durchdrangen; dass die medizinischen, naturwissenschaftlichen, philosophischen Werke des Islam Europa zur Kenntnis kamen, war auch das Werk sephardischer Gelehrter gewesen. Genau fünfhundert Jahre, nachdem der spanische Kardinal Cisneros die Verbrennung jüdischer und arabischer Schriften in Granada angeordnet hatte, fielen Tausende jüdischer und arabischer Schriften in Sarajevo dem Feuer zum Opfer. Mit Phosphorbomben hatten serbische Gardisten die Nationalbibliothek in Brand geschossen, und binnen weniger Stunden wurde zu Asche, was vor Jahrhunderten von weit her gebracht worden oder über die Jahrhunderte in Sarajevo selbst entstanden war. Der spanische Schriftsteller Juan Goytisolo, der über die Zerstörung Sarajevos einen aufgeregten, doch oberflächlichen Reportageband und den grandiosen, geradezu verwegen komplizierten Roman »Das Manuskript von Sarajevo« verfasste, sah im gezielten Brandanschlag auf die Nationalbibliothek die gleiche Gesinnung am Werk wie vor fünfhundert Jahren. Die serbischen Nationalisten hätten zu vollenden versucht, was die spanische Kirche begonnen hatte, die Vernichtung der islamischen Kultur in Europa, was auf dem Balkan wie auf der Iberischen Halbinsel zugleich die Vernichtung der jüdischen Kultur mit einschloss, denn in diesen beiden Regionen waren Islam und Judentum zur selben Zeit und in enger Verbindung miteinander aufgetreten. Noch die Erinnerung an die islamische Kultur sollte in Spanien wie in Bosnien getilgt werden, und darum brannten, ehe die Häuser und in ihnen die Menschen brannten, in Granada wie in Sarajevo zuerst die Bücher, 1492 am Birrambla-Tor von Granada, 1992 in der Nationalbibliothek von Sarajevo. Dževad Karahasan erzählte, dass das niedergebrannte Gebäude jetzt mit österreichischem Geld wieder aufgebaut wurde, aber unter den sechshunderttausend verbrannten Büchern waren Unikate gewesen, die in diesem Feuer für immer von der Erde verschwanden und von denen nichts blieb als die Spuren, die sie in manchem späteren Werk, das auf sie Bezug nahm, gezogen hatten. Die Bibliothek würde nie mehr sein, was sie war, eine Schatzkammer voller persischer, arabischer, maurischer Handschriften aus einer Zeit, da Europa sein naturwissenschaftliches Wissen und die Kenntnis der antiken Philosophen aus dem arabischen Raum bezog.

Von der Baustelle der Nationalbibliothek führte eine Brücke über die reißende Miljacka, die über Nacht ein, zwei Meter angestiegen war, und gleich dahinter erhob sich ein Hügel, den wir emporstiegen und auf dem wir den schönsten islamischen Friedhof von Sarajevo betraten, das weiß blitzende Gräberfeld von Alifakovaz. Dicht waren hier die Gräber aneinandergefügt, zumeist, wie es alter Sitte entsprach, mit zwei weißen Grabsteinen, von denen der eine die Form eines Kegels, der zweite die eines Kubus hatte. Einfassungen der Gräber, wie das auf christlichen Friedhöfen mannigfach der Brauch ist, waren im islamischen Bereich die längste Zeit verpönt, nichts Trennendes, Abgrenzendes, erklärte Dževad, als wir den Hügel hinaufschritten, sollte zwischen den Gestorbenen sein. Dass die neueren Gräber oft solche Einfassungen hatten, die den Sarg gewissermaßen in Stein nachbildeten, nahm er missbilligend zur Kenntnis. Vom oberen Ende des Friedhofs sahen wir über die ganze Stadt, die sich entlang des Tals der Miljacka entfaltet hatte. Über die Stadt mit ihren vielen Brücken blickend, erzählte Dževad von zwei Mädchen aus Sarajevo, deren Geschichte er eben in seinem Roman »Sara und Serafina« gestaltet hatte. Das muslimische Mädchen Serafina hatte sich nicht damit abfinden können, dass ihre jüdische Freundin deportiert wurde, und war ihr unter dem angenommenen Namen Sara nach Auschwitz gefolgt. Ich begriff, dass Sarajevo für Dževad Karahasan der Beweis dafür war, dass Islam und Judentum zusammengehörten und dass Europa den Islam und das Judentum brauchte. Dieser Beweis hatte eine enorme Bedeutung, nicht nur für Sarajevo, ja nicht einmal nur für Europa, und dass er zerstört, zerschossen wurde, war nicht nur für Sarajevo, nicht nur für Europa eine Katastrophe. Es wird kein Judentum in Sarajevo mehr geben, und es wird in Sarajevo einen anderen Islam geben als den, der sich über fünfhundert Jahre zu solch weltoffener Lebensfreundlichkeit ausgebildet hatte.

Über die ersten Juden von Sarajevo gibt es viele Legenden. Gewiss ist, dass die ersten Vertriebenen aus Spanien schon um 1500 den Balkan erreichten und sich spaniolische Gemeinden in Saloniki, Konstantinopel und den bulgarischen Donaustädten fanden. Ein fleißiger Schulmeister, der sein Leben dem Unterricht der Sarajever Gymnasiasten und der Erforschung der sephardischen Vergangenheit widmete, Moritz Levy, veröffentlichte 1911 sein epochales Buch »Die Sephardim in Bosnien«, deren Geschichte er so präzise darlegte, wie er sie aus den Quellen rekonstruieren konnte. Diese Quellen bestanden vornehmlich aus den Sidžilen, den in türkischer Sprache verfertigten Protokollen des Scheriatsgerichts, das die Angelegenheiten der nichtmohammedanischen Bevölkerungsgruppen im Osmanischen Reich regelte, und den Pinakes, den Vormerkbüchern der spaniolischen Gemeinde von Sarajevo, in denen zum Beispiel die jährliche Bilanz von Einnahmen und Ausgaben erstellt wurde. Nicht alle Sultane waren den Juden so gewogen wie jener Bajazet II., der sie willkommen hieß, doch zeichnete Levy im Allgemeinen das Bild einer Gemeinde, die sich nach ihren eigenen Gesetzen entfalten durfte. Die zivile Gerichtsbarkeit wie die Ahndung religiöser Verfehlungen gestand der Sultan ausdrücklich dem Chacham, dem Rabbiner der Gemeinde, zu. Moritz Levy beklagte, dass die aufgeklärte Gesinnung der Einwanderer bald von einer frömmelnden Orthodoxie unterdrückt wurde und die Gemeinde freier Menschen sich zu einer engstirnigen religiösen Diktatur wandelte.

Auf dem Weg zur Baščaršija

Spanien leuchtete für Levy in mythischer Vorzeit als das Reich des Lichts und der Freiheit, die verlorene Heimat der Juden, die verstoßen wurden und die Sehnsucht nach dem Mutterland im Herzen tragen. Eine alte Legende erzählt, dass die Juden, als sie aus Toledo vertrieben wurden, die schweren Schlüssel mitnahmen, mit denen sie ihre Häuser versperrten, und dass diese schweren Schlüssel von Generation auf Generation vererbt wurden, sodass die Erinnerung an jene Zeit vor der Vertreibung aus dem Paradies stets wach blieb. Die alte Legende wurde in den letzten Jahren wieder populär und unmittelbar mit der Gegenwart verknüpft. Es wird berichtet, dass ein Mann, der sich noch im Besitz eines solchen Schlüssels befand, seine Stadt im Konvoi der UNO verließ und nach Spanien auswanderte, wo er in der Stadt seiner Vorväter, in Toledo, einem Einheimischen das Haus beschrieb, von dem ihm der Vater und diesem dessen Vater und so fort bis zu jenem Mann, der noch in Spanien gelebt hatte und von dort vertrieben wurde, ein jeder Vater seinem Sohn berichtet hatte, und der Spanier führte ihn auf einen Platz, auf dem lauter solche Häuser standen, und er ging auf eines davon zu, fand ein uraltes Schloss an der Tür, steckte den schweren Schlüssel hinein und sperrte die Tür zur Vergangenheit auf.

Es ist nicht wichtig, ob es so alte Schlösser und Schlüssel überhaupt gibt, sondern dass noch immer von ihnen, also von Spanien, dem Mutterland, das seine treuesten Kinder verstieß, erzählt wird. »Asta quando este amargo estado?« – Bis wann dieser bittere Zustand, wie lang wird er dauern?, heißt es in einem sephardischen Gedicht. Die ersten Juden von Sarajevo waren auch die letzten Juden von

Spanien. Als 1941 und 1942 die Juden öffentlich misshandelt, ausgeraubt, zusammengetrieben und deportiert wurden, unter ihnen auch der greise Dr. Levy, der Chronist der bosnischen Sepharden, haben manche gehofft, dass sich Spanien ihrer annehmen werde. Doch in Spanien hatte eben General Franco seine Herrschaft angetreten, und ausgerechnet für die einst vertriebenen Juden, diese verstoßenen Kinder Spaniens, Fürsprache bei seinen deutschen und kroatischen Waffenbrüdern einzulegen, kam ihm keineswegs in den Sinn. Noch im Krieg der Neunzigerjahre fassten jedoch manche, die sich ihres sephardischen Erbes besannen, den Gedanken, es könnten vielleicht die letzten Juden von Sarajevo wieder die ersten Juden von Spanien sein. Aber dann ist von den vielen, die Sarajevo verließen, doch kaum einer nach Spanien gekommen.

9

Er sprach ein weiches, melodiöses Spanisch, dem ich mit meinen geringen Kenntnissen dieser Sprache unerwartet leicht folgen konnte. David Kamhi, Professor für Violine, galt in Sarajevo allgemein als kompromissloser Gegenspieler Jakob Fincis, und doch schien die beiden auf den ersten Blick mehr zu verbinden als zu trennen. Auch Kamhi war klein, unruhig und eloquent, auch er ein begeisterter und begeisternder Erzähler voller Witz und Schlagfertigkeit, der seinen Gesprächspartner scharf ins Auge fasste und sich eindringlich an ihn wandte. Doch anders als Finci, der Realpolitiker, war Kamhi ein Mystiker, kein Pragmatiker oder Mann des Ausgleichs, sondern Spiritualist, ein unnachsichtiger Intellektueller, der bald psalmodierend, bald sarkastisch sprach und mit seinem kahlen Haupt, den glänzenden Augen, der radikalen Rede wie ein wiedergekehrter Savonarola anmutete, den es ob der Verlogenheit ringsum graute. Zusammengebracht hatte uns mit ihm der Geschäftsträger der österreichischen Botschaft, ein junger, hilfsbereiter Mann namens Michael Kainz, der mir mit seiner Intelligenz und dem Interesse, das er dem Land, in dem er Dienst tat, entgegenbrachte, fast wieder Hoffnungen für Österreich zu machen vermochte; Kainz war, ehe er seine Arbeit in Sarajevo antrat, in Venezuela tätig gewesen, jetzt sprach er nicht nur perfekt Spanisch, sondern auch bereits ausgezeichnet Serbokroatisch oder vielmehr Bosnisch, wie die Sprache neuerdings hieß, die doch in ihrer Substanz ein mit zahlreichen Turzismen angereichertes Serbokroatisch geblieben war. Kamhi aber, sei es, dass er damit den Gästen aus Österreich einen Gefallen erweisen oder melodiösen Anhörungsunterricht geben wollte, wandte sich auf Ladino an uns, und er wiederholte, vereinfachte seine Sätze so lange, bis wir sie verstanden.

Siebenhundert Juden lebten heute noch in Sarajevo, sagte er gleich zu Beginn, aber nur gezählte achtundsechzig davon wären wirklich Juden. Die anderen waren in religiösen Fragen ahnungslos, an der jüdischen Tradition desinteressiert oder hatten ihr Judentum überhaupt erst kürzlich entdeckt. Unter den tausend, die Sarajevo mit dem Konvoi verlassen hatten, wären höchstens hundertfünfzig Juden gewesen, die Übrigen hingegen waren convertidos. Leuten, die aus welchen Gründen immer zum Judentum konvertierten, brachte Kamhi etwa so viel Respekt entgegen wie den Jüngern Hare Krishnas, die neuerdings in ihrem orangen Ornat auch durch Sarajevo ihre Wege zogen und ihm als glöckchenbimmelnde Boten des Unverstands erschienen. Während der Belagerung hätte es für Juden nur zwei Möglichkeiten gegeben, sich ehrbar zu behaupten: religiöse Standfestigkeit und unbeirrbaren Patriotismus. Religiöse Selbstbehauptung war es, gerade während der Blockade, hungernd, dem täglichen Terror ausgesetzt, den Verlust von Freunden und Familienmitgliedern gewärtig, alle Gebote so streng zu beachten, alle Riten so penibel zu vollziehen, dass endlich die innere Glaubensgewissheit über die widrige äußere Wirklichkeit triumphierte. Genau zehn Leute wären sie gewesen, die die ganze Belagerung über strikt nach altem Gesetz lebten, und diese zehn Glaubensfesten wären für die ganze Jüdische Gemeinde, ja für den einsamen Gott selbst wichtig gewesen. Da der Rabbi mit denen gegangen war, die Sarajevo verlassen hatten, musste Kamhi stellvertretend sein Amt versehen, und er tat es mit Hingabe und Widerwillen zugleich. Seine Hingabe wurde größer, je aussichtsloser die Situation in Sarajevo wurde, sein Widerwille stieg, je absurder die Dinge waren, die er als Hüter der Wunder und Zeremonien erlebte. Wahrhaftig, er selbst hatte Begräbnisse nach jüdischem Brauch vollzogen, bei denen der zu Bestattende nicht einmal beschnitten war! Kamhi schüttelte den Kopf, nicht als wäre er empört, vielmehr verblüfft über die abstrusen Zumutungen, die Gott für ihn, den Frommen, bereithielt. Als der Rabbi, der Sarajevo verriet und verließ, die religiösen Kultgegenstände mit nach Israel nehmen wollte, rief Kamhi muslimische und jüdische Soldaten zu Hilfe, die die heiligen Gegenstände tatsächlich mit der Waffe in der Hand bewachten und so dafür sorgten, dass sie in Sarajevo, dem einzigen Ort der Erde, wo sie hingehörten, blieben.

Die religiöse Besinnung war die eine Möglichkeit, der Zerstörung zu trotzen, der Eintritt in die bosnische Armee die andere. In diesem Krieg durften die Juden nicht neutral bleiben, wie sie es über Jahrhunderte gewesen waren, sie durften sich nicht in ihre angestammte Rolle fügen und gleiche Nähe wie gleiche Distanz zu den anderen, zu Kriegsgegnern gewordenen Volksgruppen wahren. Kamhi hielt es schlicht für die patriotische Pflicht eines jeden Juden, sich in die Reihen der bosnischen Armee einzufügen und zusammen mit den Muslimen die gemeinsame Heimat Sarajevo zu verteidigen. Zuweilen in der Geschichte war es eben notwendig, dass sich auch die Juden auf die eine von zwei Seiten schlugen, was im Übrigen nicht nur von der großen Zahl jüdischer Märtyrer bezeugt wurde, die sich auf jeder Ehrentafel des jugoslawischen Partisanenkampfes fanden, sondern auch von der Schicksalsgemeinschaft, in der die Juden und die Moslems in Sarajevo seit jeher lebten: Dieser Schicksalsgemeinschaft zu entrinnen, war den Juden unmöglich, sie zu pflegen ihre einzige Chance und das Vermächtnis der vorangegangenen Geschlechter.

Das größte Heiligtum der Jüdischen Gemeinde von Sarajevo war die »Haggadah«, eine prachtvoll ausgeschmückte mittelalterliche Handschrift, der wahrhaft unersetzliche Codex der Sephardim, der um 1350 in Zaragossa entstand und von den Vertriebenen aus Spanien mit auf die Flucht genommen wurde. Mutige Muslime, die ihre jüdischen Nachbarn gerade in ihrer Religiosität respektierten, hatten unter Einsatz ihres Lebens dafür gesorgt, dass die Haggadah nicht zerstört oder geraubt wurde. Während des Zweiten

Weltkrieges hatten sich Sondereinheiten der deutschen Besatzer mit zunehmendem Ingrimm auf die Suche nach der legendenumwobenen Haggadah gemacht, sie hatten Häuser verwüstet, die sie als Versteck vermuteten, und Archive verheert, in denen sie das geheimnisvolle Buch nicht finden konnten. Während die Besatzer mit Gewalt und Versprechungen der Haggadah habhaft zu werden suchten, hatte der listige Kustos des bosnischen Landesmuseums, Dervis M. Korkut, sie unter Stapeln von unverdächtigen Papieren, Urkunden, Schriften im Keller des Museums verborgen und über mehrere Durchsuchungen des Hauses gerettet. Irgendwann wurde die Haggadah dann aus dem Museum geschmuggelt und in einen Tresor der Nationalbank geschafft, aus dem sie 1945 unversehrt wieder herausgeholt werden konnte. Die Geschichte der Haggadah, und wie sie die Zeiten überstand, ist von den Professoren Muhammad Karamehmedović und Kemal Bakaršić in nachgerade detektivischer Arbeit aufgeklärt und wissenschaftlich dargelegt worden, wie auch die Geschichte der jüdischen Literatur, der sephardischen Dichtung Sarajevos von einem muslimischen Literaturwissenschaftler geschrieben wurde, von Muhamed Nezirović, der längst vergessene Namen und verschollene Werke in eine Enzyklopädie der sephardischen Literatur rettete. Nicht nur Klassiker wie den Arzt und Romancier Isak Samokovlja, der vom alltäglichen Leben der Juden in den verschiedenen Stadtvierteln Sarajevos erzählte, hat Nezirović gewürdigt, sondern aus alten Folianten, zerfledderten Zeitschriften buchstäblich jede Zeile wieder herausgeholt, die darin im Verlaufe von fast fünfhundert Jahren an sephardischen Liedern, Gebeten, Sprüchen, Anekdoten, Novellen Eingang gefunden hatte.

Kamhi hatte sich in Begeisterung geredet, in Begeisterung über die unauflösliche Gemeinschaft von Islam und Judentum; über das bosnische Experiment, diese Gemeinschaft auf europäischem Boden zu erproben; über die Vielgestalt, die sich auf engem Raum entfaltet hatte; über die Rücksicht, die die Frommen aller Religionen aufeinander nahmen. Als wir aus dem Gasthof Lovac traten, in dem wir in den Bann des unablässig sprechenden Mystikers geraten waren, standen wir vor der Ruine, die vom »Museum der XIV. Olympischen Winterspiele« und der »Galerie für zeitgenössische Kunst« übrig geblieben war; die Schäden, die der beständige Hagel von Granatwerfern angerichtet hatte, waren so groß, dass das Gebäude nicht mehr gerettet werden konnte. Kamhi stand mit uns auf der Straße, und unaufhörlich sprudelte diese leidenschaftliche Gelehrsamkeit aus ihm, die sich um den Ort und die Umstände nicht zu bekümmern schien. Wir standen zwischen einem berühmten Gasthaus, in dem wir die ganze Mittagszeit die einzigen Gäste gewesen waren, weil kein Mensch in Sarajevo mehr das Geld hatte, im Gasthaus zu essen, und den Ruinen eines Museums, das jeden Tag in sich zusammenfallen konnte, und zwischen dem Gasthaus, das keine Gäste mehr hatte, und dem Museum, das keine Museumsstücke mehr beherbergte, beschwor Kamhi die große, die wunderbare Geschichte der Sepharden von Sarajevo und die große, die wunderbare Brüderschaft von Judenheit, Islam und Christentum, und wir gingen den Hügel abwärts, der Stadt entgegen, vorbei an Ruinen und begleitet von diesem psalmodierenden Mystiker, der alles wusste und in seiner Verzweiflung keinen Grund sah zu verzagen.

Der Wald der Geschichte –
In der Gottschee

I

Und plötzlich, im tiefen Wald, begriff ich, dass ich mitten im Dorf stand.

Wir waren in Rajndol beim Sägewerk auf die kleine Straße abgebogen, die zu den alten Dörfern Verderb, Verdreng und Unterfliegendorf führte. Die Wiesen summten in einem satten Grün und stiegen, indem sie immer wieder in tiefe Senken abfielen, nur langsam hügelan. Nach ein paar Hundert Metern erreichte die Schotterstraße den Wald und schnitt in die Finsternis hinein. Das abgeblätterte Holzschild, vor ewigen Zeiten aufgestellt und vergessen, wies den Weg nach Turkova Draga, wie Unterfliegendorf amtlich hieß, seitdem die österreichisch-ungarische Monarchie zerfallen und das ganze Gebiet slowenisches Territorium war. Der auf den Landkarten eingezeichnete Weg führte holprig um ein paar Kurven, wurde enger und enger – und ließ es dann gänzlich sein. Irgendwann konnten wir mit dem Auto nicht mehr weiter und gingen zu Fuß. Irgendwann konnten wir zu Fuß nur mehr weiter, wenn wir uns unter die tief hängenden Äste der Bäume duckten, die Zweige der Sträucher mit den Händen wegschoben und über das Gestrüpp, die Dornenhecken und Farne stiegen. Jetzt waren wir in den Finsterwald vorgedrungen und fanden keinen Punkt, von dem aus weiter als fünfzig Meter zu sehen war. An dieser Stelle angekommen, steht man in der Mitte des Dorfes Unterfliegendorf, das dem Wald abgerungen worden war, ein paar Hundert Jahre bewohnt blieb und, nachdem seine letzten, bedrängten Einwohner es verlassen hatten, wieder vom Wald verschluckt wurde. Der Dorfplatz ist durch zwei große Steine markiert, die noch zehn Zentimeter aus der Erde ragen und unter dem Flechtwerk zu erkennen sind. Das ist es, was von Unterfliegendorf, seinen Häusern, Ställen, Obsthainen und Feldern, von Arbeit und Ausdauer, Trotz, Gleichmut und Verzweiflung der Bewohner übrig geblieben ist. Einst waren sie hierhergeschickt worden, den Wald zu erobern, mit dem Versprechen, dass das Land, das sie aus ihm schlugen, ihnen gehören werde. Mehr als zwanzig Generationen haben in den wasserarmen Sommern und den schneereichen Wintern den Urwald zu roden und aus der Gottschee, dem Ländchen, wie sie es nannten, eine fruchtbare Kulturlandschaft zu machen gesucht. Der Versuch dauerte über sechshundert Jahre, fünfzig haben genügt, dass sich der Wald alles wieder holte, was ihm zuvor abgewonnen worden war. Selbst die Spuren der menschlichen Anwesenheit hat er zugedeckt, und doch ist es nicht die gefräßige Natur gewesen, die diesem Land das Gedächtnis entrissen hat; dass heute im slowenischen Verwaltungsbezirk Kočevje kaum mehr etwas von der deutschsprachigen Bevölkerung zeugt, die hier so lange gelebt hat, ja dass Häuser, Kirchen, sogar Friedhöfe zerstört wurden, damit nichts an jene erinnere, die sie errichteten, hat nicht der Wald verursacht.

Von Unterfliegendorf fanden wir zwei Steine, vom nahen Verderb einen Steinhaufen auf einer kleinen Lichtung, die der Wald hoch umschloss, in Verdreng endlich stießen wir auf drei Häuser. Aus einem trat ein Mann von fünfzig Jahren, den man mit seinen weißen, zu einem Zopf gebundenen Haaren und der randlosen Brille eher für einen Professor der Soziologie als für einen Bauern gehalten hätte, und der auf meine Frage deutsch antwortete: Jaja, das sei Verdreng, mehr ist nicht mehr, und er zuckte mit den Achseln und machte sich mit großen Schritten nach dem entferntesten Haus davon, einem neuen Wirtschaftsgebäude, vor dem einige landwirtschaftliche Geräte standen. Sonst war kein Mensch zu sehen, kein Laut zu hören, selbst die Vögel schienen zu wissen, dass hier alles längst vorbei war.

Verdreng liegt auf einer Hochebene, und auf einer kleinen, mit Holzlatten umzäunten Wiese erhebt sich eine mächtige Kastanie, an die irgendjemand ein Bild des alten Verdreng genagelt hat. Die Wiese, auf der wir standen und anhand einer Fotografie der Zwanzigerjahre das alte Verdreng mit dem zu vergleichen suchten, was wir vor uns und um uns sahen, war damals der Kirchplatz gewesen. Die Kirche wurde 1771 geweiht und barg als größten Schatz ein Standbild des heiligen Johannes des Täufers. 1952 wurde das Gotteshaus des nahezu verlassenen Dorfes von einem Kommando, das darin Übung hatte, sachkundig gesprengt, ein Monument des finsteren Aberglaubens, das der Fortschritt hinwegfegt. Ihr Platz ist nur mehr daran zu erkennen, dass auf einer Fläche von beiläufig dreißig Metern Länge und fünfzehn Metern Breite der Boden völlig eben ist, während sich ringsum das Land in seinen charakteristischen Hügeln und Senken wellt. Dort, wo auf dem Foto ein weit gestrecktes Dorf war, stand jetzt nur das Wirtschaftsgebäude, in dem der wortkarge Mann verschwunden war, und dahinter erhob sich verschattet im Licht des Nachmittags eine dicht bewaldete Hügelkette. Viel mehr war auch von Verdreng nicht übrig geblieben; halb verdeckt vom mannshohen Gras, führte eine Steintreppe, der das Haus fehlte, ins Nichts, näher beim Wald zerfiel eine Zisterne. Aus den Zisternen und den Teichen, die Namen wie »Söhnleinlacke« hatten, waren früher die kleinen Kinder geholt worden, die in der Gottschee nicht der Storch brachte, sondern die Hebamme mit dem Korb aus dem Wasser schöpfte.

Die drei Dörfer mit den vom Elend sprechenden Namen gehörten früher zur Gemeinde Mösel, zu der wir durch den Wald zurückfuhren. Entlang der ganzen Strecke trafen wir keinen einzigen Menschen. Mozelj immerhin, das alte Mösel, war noch bewohnt, wenngleich sich niemand auf der Straße sehen ließ; doch bemerkten uns die Hunde und schlugen an, als wir zur Kirche hinaufschritten. Mit markantem Glockenturm steht sie inmitten von Gemüsebeeten ein paar Meter über der Gemeinde, eine von gezählten siebenundzwanzig Kirchen, die in der einst mit Kirchen so reich bestückten Gottschee noch zu finden sind. Sie war versperrt, und als wir um das Gebäude herumgingen, seitlich einen offenen Eingang und im schönen Innenraum ein altes Taufbecken fanden, schlugen ringsum wieder die Hunde an. Im Gottscheer Volksglauben kündeten zwei Ereignisse den Tod an: wenn jemand plötzlich wieder ohne Brille lesen konnte, und wenn die Hunde eines Dorfes grundlos zu heulen anfingen. So entschlossen wir uns, den

Tod zu besuchen, doch am neuen Friedhof, einen Kilometer außerhalb der Gemeinde, begegneten wir nicht ihm, sondern endlich wieder Menschen, zwei jungen Männern in Trainingsanzügen. Sie waren mit dem einzigen Auto, das hier in der letzten halben Stunde vorbeigekommen war, über die Landstraße gebraust, und der Lenker bremste den Wagen vor dem Friedhofstor so abrupt, dass die Reifen quietschten. Sie stürmten in den Friedhof, nickten uns, überrascht innehaltend, zu, eilten dann zu einem Grab mit polierter schwarzer Marmorplatte und begannen, kaum dass sie vor ihm stehen geblieben waren, vernehmlich zu schluchzen. Nach ein paar Minuten schnäuzten sie sich, entzündeten ein Grablicht, schlugen das Kreuz und verließen so überstürzt, wie sie gekommen waren, den Friedhof, der Wagen reversierte mit aufheulendem Motor und sauste in Richtung Mozelj zurück. Der Grabplatte waren die Namen von drei Familienmitgliedern eingemeißelt, ein Mann war zweiundzwanzigjährig bei den Partisanen gefallen, ein Ehepaar starb betagt in den Achtzigerjahren. Ich konnte keines der Sterbedaten in Beziehung zu jenem 18. August 1999 setzen, an dem die beiden Männer vor dem Grab so hastig wie heftig trauerten und ich im Wald die Dörfer und auf dem Friedhof die Lebenden fand.

2

Die Gottschee ist ein Gebiet von achthundertfünfzig Quadratkilometern, das vom Flüsschen Krka im Norden bis zum Fluss Kolpa im Süden reicht, der heute die Grenze zwischen Slowenien und Kroatien bildet. Eine Autostunde südlich der slowenischen Hauptstadt Ljubljana erhebt sich das landschaftlich vielgestaltige Gottscheer Hochland, das im Wesentlichen aus drei Bergketten, die von Nordwesten nach Südosten verlaufen, und drei Tälern besteht. An seiner weitesten Stelle streckt sich das Gebiet von Ost nach West auf gute vierzig Kilometer Breite und von Nord nach Süd auf knappe dreißig Kilometer Länge. Seinen inneren Gebirgsstock, das Massiv des Hornwaldes, slowenisch Rog genannt, bildet einer der mächtigsten Wälder Europas, der den Gottscheern jahrhundertelang Schutz und Feind, Lebensgrundlage und Verhängnis war und am Anfang und am Ende der Geschichte vom Ländchen steht.

Als die Besiedelung der Gottschee im 14. Jahrhundert in Angriff genommen wurde, bedeckte der Wald das Gebiet zur Gänze. Sechshundert Jahre unausgesetzter Arbeit benötigte es, bis mehr als die Hälfte davon gerodet und zu Äckern, auf denen Getreide angebaut wurde, großen Obstgärten und Feldern für das Vieh kultiviert war. Dazwischen, dem Wald abgetrotzt, hockten hunderteinundsiebzig Dörfer und die eine Stadt, die den etymologisch unklaren, aus dem Slawischen stammenden Namen des Gebietes trug, Gottschee. Nachdem die deutschsprachige Bevölkerung im Winter 1941/1942 ausgesiedelt worden war, auf Geheiß des Führers, der die Region für die nächsten tausend Jahre seinen italienischen Bündnisgenossen überlassen wollte, und bedrängt von den slowenischen Partisanen, die das Gebiet nicht nur militärisch zu gewinnen und politisch zu beherrschen, sondern auch ethnisch zu säubern suchten, ist die Gottschee vom Wald zurückerobert worden. Aus über achtzig Prozent der Gottschee ist wieder Wald geworden, der die landwirtschaftlichen Flächen, kaum dass sie nicht mehr bebaut und gepflegt wurden, rasch überzog, über die Äcker und Felder lief und sich die vielen Dörfer einverleibte, die von den italienischen Truppen im Kampf gegen die Partisanen zerstört oder von diesen, als sie die Okkupanten besiegt hatten, gesprengt wurden.

Die slowenischen Kommunisten, unwillig, dem Ruhm des Widerstandes gerecht zu werden, jetzt, da sie gesiegt hatten und Frieden war, unfähig, die Bevölkerung zu begeistern, die sie stattdessen mit immer neuen Direktiven demoralisierten, wussten mit dem Reichtum, den die Gottscheer in Form blühender Obsthaine, großer Sägewerke und ausgedehnter landwirtschaftlicher Nutzflächen zurückließen, nichts anzufangen. Das Land verfiel, und die ethnische Purifizierung brachte nicht einmal jenen einen Gewinn, die sich als Gewinner fühlten. So wanderten nach und nach auch die Slowenen ab, die dort über Jahrhunderte zumeist friedlich und zum Nutzen beider Volksgruppen mit den Gottscheern zusammengelebt hatten.

Während die Natur einen großen Teil des Gebietes nach einem halben Jahrtausend zurückgewann, wurde ein anderer Teil der Gottschee für ein halbes Jahrhundert zum militärischen Sperrgebiet. Von schwer bewaffneten Posten gesichert und abgeriegelt, war das einstige Kernland der Gottscheer Besiedelung zwischen Rieg und Göttenitz auch der slowenischen Bevölkerung bald nach 1945 entzogen worden. Was in dem verbotenen Gelände passierte, darüber erzählte man sich absonderliche, beängstigende Geschichten. Die einen befürchteten, die Regierung habe darin riesige Bunker errichtet, aus denen eines Tages, wenn der erwartete Weltkrieg begänne, die bisher verheimlichten Atomraketen aus der Tiefe steigen würden. Andere glaubten, dass in den Wäldern Straflager verborgen wären. Und viele schimpften auch nur über die Nomenklatura, die sich hier ein eigenes Revier zur Bärenjagd, zum Fischfang und Pilzesammeln geschaffen hätte. Bis heute ist die Geschichte der Sperrzone nicht aufgeklärt; als sich nach der politischen Wende die Balken der aufwendig gesicherten inneren Grenze hoben, fanden die früheren Bewohner, die zur Besichtigung zurückkehrten, ihr Land verändert vor.

3

Am westlichen Rand des Ländchens liegt das Göttenitzer Tal, das weniger rau als der Hornwald anmutet und dessen zwei Hauptorte früher das Dorf Rieg und die vielleicht zehn Kilometer entfernte Gemeinde Göttenitz waren. Hingeschickt hatte uns die freundliche junge Frau von der Rezeption des Hotels in Kočevje: Dort, versicherte sie mir eifrig, mit einem flinken Kugelschreiber auf der Karte die Strecke markierend, dort, in dem idyllischen Tal, werde der Tourismus als Erstes anziehen und die Gottschee dem europäischen Fremdenverkehr öffnen. Großes sei geplant – Rafting in den wild bewegten Bächen, Fahrten mit Pferdeschlitten übers verschneite Land, Ökotourismus im Naturpark Gottschee, Bärenbesichtigung inklusive. In Kočevska Reka, wie Rieg heute heißt, betraten wir ein Gespensterreich. Alles an diesem Ort war zu groß geraten: die prächtige Einfahrt mit dem Kreisverkehr für Autokolonnen, die es gar nicht gab, die breite, wie ein

Boulevard angelegte Dorfstraße, gesäumt von schmalen Häusern, denen offenbar die alten Vorgärten genommen wurden, damit die neue Straße imposanter gerate. Vielleicht hundertfünfzig Meter führte sie, geschaffen wie für Massenaufmärsche oder Demonstrationszüge, durch den Ort, um am Ende in einen überdimensionierten Platz zu münden, an dem Bataillone hätten antreten können. Drei Burschen nützten ihn zum Skaten und sprangen mit ihren Brettern über ein paar behelfsmäßig aufgestellte Hindernisse. Auf halber Höhe des Boulevards stand der Supermarkt, der für eine kleine Stadt ausgereicht hätte, hier aber vielleicht hundert Einwohnern diente. Vor dem Wirtshaus saßen acht Männer, vor sich die dicht gefügten Reihen ihrer Bierflaschen und Schnapsgläser, ganz ohne die Ausgelassenheit von Trinkenden; um den gemeinsamen Tisch schien doch jeder von ihnen mehr für sich zu sitzen, kaum dass ein Gespräch geführt wurde an diesem Stammtisch der Unwirschen, die einander nicht mochten und an der Abwechslung von uns Besuchern, die zu ihnen traten und am Nebentisch Platz nahmen, nicht interessiert waren.

Keiner von ihnen, der in Kočevska Reka wohnte, konnte aus einer Familie stammen, die schon seit mehr als einer Generation hier beheimatet war. Nachdem 1942 die Gottscheer den Ort verlassen hatten, wurden 1950 auch die ansässigen Slowenen umgesiedelt. Die ganze Gegend war zur militärischen Sicherheitszone erklärt worden, in die nur das Militär, Spezialisten für geheimnisvolle Aufgaben, Privilegierte der politischen Klasse Zugang hatten – und eine dienende Bevölkerung, die von irgendwo hierher verpflichtet wurde, als Geheimnisträger Stillschweigen über das Leben in der Sicherheitszone zu geloben hatte und die Dinge erledigte, die überall getan werden müssen, wo Menschen zusammenleben: Einige Hundert waren in der Land- und Forstwirtschaft beschäftigt, andere als Friseure, im Verkauf, in mancherlei Handwerk. In der Sperrzone waren die militärischen Abwehreinrichtungen Sloweniens stationiert – Radar, Funkanlagen, Überwachungsstationen. Gegenüber dem Supermarkt fiel mir das rätselhafte Haus mit der Nummer 19 ins Auge, ein Haus ohne Aufschrift, mit vergitterten Fenstern, dunkler Farbe, Tür ohne Glocke und Namenszug und einem rabiat gepflegten, auf Streichholzlänge rasierten Rasen. Aus dem Dach ragten dünne Antennen gewiss über hundert Meter hoch in den Himmel. Darunter schien eine geradezu apathische Einwohnerschaft zu leben, die wirkte, als wäre sie hier vergessen worden, übrig geblieben von irgendeiner großen Zusammenkunft, und als hätte sie über dem langen Warten auch noch vergessen, dass sie sich im Wartesaal befand. Nichts an dem Ort verriet etwas Eigenes, Persönliches, die Häuser standen Appell, eines nach dem anderen, eines wie das andere, keines wagte sich mit einem Blumenstock am Fensterbrett, einem auffallenden Anstrich, einem neugierigen Alten, der aus dem Fenster blickte, hervor.

Nach der einen Seite führte die Prachtstraße zu jenem Platz imaginärer Massenkundgebungen, nach der anderen zur Kirche. Sie stand auf einer kleinen Anhöhe und hatte zu ihren Seiten den mächtigsten Nussbaum Sloweniens und ein eher bescheiden gehaltenes Partisanendenkmal. Diese Kirche war eine Kopie. Das Original war reichlich mit barockem Zierrat ausgestattet und nicht nur den Gläubigen von Rieg als eine der schönsten Kirchen des Landes lieb gewesen. Als der autochthonen Bevölkerung 1950 per Dekret befohlen wurde, die Sachen zu packen und zur höheren Ehre des Sozialismus die Heimat zu verlassen, hatte sie ihre Kirche zu retten gesucht. Größere Statuen wurden in der Nähe vergraben, leichter zu transportierende Bilder nahmen einzelne Bewohner mit, wohin immer sie ziehen mussten. Als die Eltern der jetzt apathisch in Kočevska Reka wartenden Leute gekommen waren, um ihre für Partei und Nation so wichtige Arbeit in diesem zweifach von seiner Bevölkerung gesäuberten Dorf aufzunehmen, da haben sie folgsam gleich einmal die alte Kirche gesprengt. Eine erste slowenische Studie aus dem Jahr 1993, die der systematischen Zerstörung der Sakralbauten in der Gottschee gewidmet ist, hat nachgewiesen, dass im Sperrgebiet alle sechsundzwanzig Kirchen vernichtet wurden, nur von einer einzigen sind noch die Mauerreste sichtbar; das Baumaterial der anderen Kirchen wurde so gründlich für den Haus- und Straßenbau verwendet, dass keine Spur von ihnen blieb. Sie alle fielen, wie es in der Studie heißt, »der Euphorie jener Jahre zum Opfer«. Doch in Kočevska Reka gab es jetzt wieder eine Kirche, sie stand fein herausgeputzt und ein wenig geisterhaft am Platz der alten und war 1994 errichtet worden. Im Inneren bemerkte ich ein Bild aus dem Jahr 1856, das von den Bewohnern in ein anderes slowenisches Dorf, nach St. Stefan in Klanec, gerettet wurde und jetzt, restauriert, zurückkehrte. Aus der nach altem Vorbild neu gebauten Kirche heraustretend, blickte ich über ein unwirkliches Dorf, von dem sich die Planungsexperten des Tourismus Leben für die ganze Region erwarten.

4

Zu Beginn des 14. Jahrhunderts machte sich das alte Kärntner Grafengeschlecht der Ortenburger planvoll daran, ein weit entferntes Lehen zu nutzen. Die Güter in der Unterkrain, mit denen es der Patriarch von Aquileja belehnt hatte, lagen weitab von seinen Stammgütern und waren berüchtigt gleichermaßen wegen ihres unwirtlichen Charakters und der schlechten Verkehrsverbindungen, über die sie zu erreichen waren. Jetzt aber begannen die Ortenburger, das entfernte Stück Urwald vom Nordrand her aufzuschließen. Um 1300 wurden die ersten slowenischen Familien dorthin geschickt, um am wuchernden Saum des Urwalds winterfeste Ansiedelungen zu errichten und die Voraussetzungen dafür zu schaffen, dass mühselig die ersten Wege in den Wald hineingeschlagen werden konnten. Zwanzig Jahre später erreichte eine neue Welle von Siedlern den Urwald und nahm den Kampf gegen ihn auf. Diese Siedler kamen aus Kärnten und Osttirol, den Stammlanden der Ortenburger, sie sprachen Deutsch, und es waren zumeist Bauernburschen, die arm, kräftig und in ihrer Heimat ohne Zukunft waren, weil sie in der Erbfolge an aussichtsloser Stelle standen. Anstatt in Kärnten Knechte zu bleiben, zogen sie in das ferne Land, das mit der Aussicht auf Freiheit und Besitz lockte. Schon das erste »Waldgesetz« der Ortenburger gestattete den Siedlern nicht nur, den Wald auch zu eigenem Nutzen zu schlägern, sondern schrieb zudem fest, dass, wer sein Land neun Jahre und einen Tag genutzt habe, dieses auf immer besitze. 1348 zog die Pest durch Kärnten und brachte fast der Hälfte

66

der Bevölkerung den Tod. Jetzt war es für die Ortenburger schwierig, neue Siedler zu rekrutieren, und darum wurden sie aus Tirol, vielleicht sogar aus Franken und Thüringen geholt. Ein paar Jahre später hieß das Land jedenfalls schon Gottschee, und eine Ortschaft gleichen Namens wurde zum zentralen Markt der Besiedelung. Noch heute kann man das Ländchen am besten erkunden, wenn man sein Quartier in der Stadt Gottschee/Kočevje aufschlägt und von dort aus seine Fahrten unternimmt.

1420 starben die Ortenburger aus, und es dauerte über zweihundert Jahre, bis die Kolonisation wieder Fortschritte machte, denn das Lehen geriet in die Hände von Adelsfamilien, die mit ihm nichts anderes im Sinne führten, als den Siedlern möglichst hohe Abgaben abzupressen, ohne irgendetwas für den Ausbau des Siedlungswerkes zu unternehmen. Schlimm waren die Grafen von Cilli, schlimm die Grafen von Thurn, schlimm die kroatischen Grafen von Blagay, am schlimmsten aber waren die Habsburger, die die Gottschee ausplünderten, bis die Siedler völlig verarmt waren, sie dann im Kampf gegen die Türken im Stich ließen und das Land schließlich an wechselnde Besitzer verpfändeten. Die Türken kamen mit einer gewaltigen Streitmacht den Balkan heraufgezogen, deren zahllose Soldaten versorgt sein mussten und sich das Lebensnotwendige durch Raub und Plünderung beschafften; der Schrecken, der ihnen vorauseilte, war groß, und immer wieder gingen Gottscheer Dörfer in Flammen auf, wurden Siedler erschlagen, ihre Familien verschleppt.

Die eindringlichste Beschreibung der frühen Gottscheer stammt von Johann Weikhart Freiherr von Valvasor, dem großen österreichischen Gelehrten und Humanisten, der sein Leben der Aufklärung und Wissenschaft gewidmet hat und dessen Sympathie für die vielen Völker eines Raumes, dessen Verständnis für das komplizierte Geflecht der Nationalitäten und Ethnien unverkennbar sind. Valvasor, aus reichem norditalienischen Adel stammend und in Laibach aufgewachsen, hatte eine Sammlung von Münzen und Mineralien aufgebaut, die ihresgleichen suchte, und eine einzigartige private Bibliothek, die zehntausend Bände umfasste. 1689 veröffentlichte er, über seinen Forschungen nahezu verarmt, sein Lebenswerk, die vierbändige, dreitausendfünfhundert Seiten lange Geschichte »Die Ehre des Hertzogthums Crain«, in der er allen Völkern der Region Gerechtigkeit widerfahren ließ. Die Gottscheer, die er für Nachfahren der Goten hielt, hat Valvasor in ihren Dörfern aufgesucht, sodass er exakt beschreiben konnte, wie sie siedelten, wirtschafteten, untereinander und mit ihren slowenischen Nachbarn Umgang pflegten. Am Ende aber rühmte er ihre Friedfertigkeit: »Sie geben keine guten Soldaten, weil sie etwas furchtsam und mehr fromme Schafe als reißende Thiere unter ihnen seynd. Hingegen werden die, welche studieren, verständig und gar gelehrt, also, dass manches treffliche Subjektum und grundgelehrter Mann aus ihnen entsteht. Weswegen man die guten Gottscheer, obgleich sie kein gutes Hertz zu den Waffen, wohl aber zu den Büchern haben, sie darum gleichwohl nicht zu verachten sind, auch nicht geringer als die übrigen Einwohner zu schätzen sind. In Betrachtung dessen, dass sie zum leiblichen Kriege so sonderliche Lust nicht tragen, sind sie dennoch tüchtig zum Streit wider die Feinde des Gemüts, nämlich gegen die Unwissenheit, Wildheit und Ruchlosigkeit …«

Und doch konnten die frommen Schafe sich auch empören. Über Generationen war der Hass auf die Obrigkeit gewachsen, die fern war, wenn es um Schutz und Beistand ging, und nahe, wenn es galt, Steuern einzutreiben und Gewinn abzupressen. So schossen immer wieder Bauernrevolten hoch, und der große Bauernkrieg, in dem die slowenischen und die deutschsprachigen Gottscheer gemeinsam zu den Waffen griffen, breitete sich von der Gottschee über die Krain aus, sprang von dort nach Kärnten und in die Steiermark hinüber. Die aufständischen Bauern wurden besiegt, niedergeschossen, aufgespießt, die Habsburger taten eben das Ihre, dass das Land sich katholisch fügte. Nach dreihundert Jahren schien die Besiedelung an ihr Ende gekommen zu sein: Die Bevölkerung, dezimiert durch ein Jahrhundert der Türkenkriege, verarmt dank der huldvollen Herrschaft der Habsburger, nahm rapide ab. Da erwarben, im Jahr 1640, die Grafen von Auersperg die Gottschee.

5

Göttenitz war mit dem Auto von Kočevska Reka binnen einer Viertelstunde zu erreichen; als wären überall im Sperrgebiet die Straßen nur für uns gebaut worden, ging es durch die blühende Einöde. Von zu Hause gewohnt, dass sich der Verkehr jederzeit zum Stau intensivieren kann, kam mir auf diesen unbefahrenen Straßen zum ersten Mal in den Sinn, dass Straßen auch dazu gebaut werden können, dass sie niemand benütze. Aber das Göttenitzer Tal war eben zum dritten Mal in diesem Jahrhundert verlassen worden. Nach den Gottscheern und den eingesessenen Slowenen waren jetzt auch die hohen Militärs, Angehörigen dubioser Dienste und verdienten Parteiangestellten verschwunden, die 1950 ein von seiner Bevölkerung gesäubertes Land in Besitz genommen hatten. Von Göttenitz gibt es ein berühmtes Foto, das in Dutzenden Büchern reproduziert wurde. Es zeigt den ganzen Ort, angetreten im Dezember 1941, Frauen mit weißen Kopftüchern, Männer in schweren Winterloden, Jugendliche, ihre kleinen Geschwister an der Hand, wie er sich auf dem Friedhof versammelte, um Abschied von den Generationen zu nehmen, die in Göttenitz gelebt und ihren Tod gefunden hatten. Die Familien standen um die Gräber ihrer Vorfahren, denn es war der Tag ihrer Abreise, noch nicht das tödliche Ende vom Ende, aber schon ein Tag des Verderbens, des Verrats, der Verzweiflung. Sie alle folgten dem Ruf, der sie von Berlin erreicht hatte, einem Ruf, mit dem einige verblendete nationalsozialistische Propagandisten unter ihnen seit Monaten die Bevölkerung aufgescheucht, verunsichert, entmutigt hatten: Heim ins Reich!

Es waren die Nationalsozialisten, die die vermeintlichen Vorkämpfer des Deutschtums auf diesem entlegenen Posten des Balkans verrieten und ihre viel besungene Heimat leichterdings auf Generalstabskarten ausstrichen. Nun hat sich freilich kaum je ein Gottscheer als Vorposten des Deutschtums empfunden, denn dieser Vorposten wäre Hunderte Kilometer in das Herzland anderer Völker hinaus verlegt gewesen. Und ebenso wenig konnte bei ihnen die martialische Ideologie von den Grenzlanddeutschen Fuß fassen, denn dies war nicht so sehr ein Land an der ethnischen Grenze als an einer rauen Grenze von Natur und Kultur, bei deren Sicherung die Gottscheer froh waren, auf die Hilfe von anderen, von Slowenen und Kroaten, setzen zu können. Die Gottscheer waren zahlenmäßig stets eine kleine Völkerschaft, aber ihre Lieder sangen nie von einem mächtigen deutschen Vaterland, immer nur von der kargen, engen Heimat, dem Ländchen. An die sechsundzwanzigtausend Menschen mochten sie zu ihrer besten Zeit, um das Jahr 1875, zählen, doch zumeist waren sie, weitab von Kärnten und Österreich, unendlich fern einem mythischen deutschen Reich, erheblich weniger – keine versprengten Deutschen, sondern Gottscheberer, wie sie sich in ihrer alten, dem Mittelhochdeutschen nahen Sprache nannten. Die schwere Wirtschaftskrise am Ende des 19. Jahrhunderts hat ganze Familien oder doch ein paar Kinder aus fast jeder Familie auswandern und ihr Glück in den USA suchen lassen. Schon um 1920 lebten mehr Gottscheer im sagenhaften Amerika, in New York und in Cleveland, als im Ländchen, und auch die grob nationalistische Politik, mit der Slowenien nach dem Zerfall der Monarchie seine deutschsprachigen Bevölkerungsgruppen zu schwächen suchte, zeitigte Folgen. Sogar das Vereinsleben wurde damals nationalisiert, wo immer ein Slowene in der Gemeinde lebte, durften die Kommandos bei der Feuerwehr nur mehr auf Slowenisch gegeben werden, und der Deutschunterricht wurde in den staatlichen Schulen nach und nach erschwert, dann eingestellt, schließlich verboten. Die Jugendlichen von 1941, die auf dem Foto zu sehen sind, wie sie sich vor der Aussiedelung zum letzten Mal auf dem Friedhof versammelten, konnten bereits besser Slowenisch als Deutsch, und ihre Gottscheberer Mundart war für Besucher aus Österreich und Deutschland kaum verständlich. Nein, als deutscher Vorposten, der nun heim ins Reich zurückgezogen wurde, taugten die Gottscheer nicht.

Wie die Südtiroler lebten sie aber auf einem Gebiet, das gemäß der völkischen Aufteilung Europas, welche die italienischen und deutschen Gewaltpolitiker eben vornahmen, Italien zugefallen war. Und das Bestreben der Faschisten, das italienische Reich ethnisch zu säubern, war ihren nationalsozialistischen Bündnisgenossen nur zu verständlich. Dass die Gottscheer dort sechshundert Jahre gelebt hatten und mehrheitlich nicht heim in ein Deutschland wollten, dem sie, als altösterreichische, im 14. Jahrhundert ausgewanderte Volksgruppe in Wahrheit niemals zugehört hatten, focht die Großraumstrategen nicht an, die europäische Siedlungspolitik machen wollten, Völker von hier nach dort verschoben und für andere den Tod oder die Existenz als Arbeitssklaven planten.

Allerdings, jetzt muss es gesagt werden: Es gab auch eine Schar junger Nationalsozialisten, die sich innerhalb der Gottscheer Volksgruppe in wichtige politische Funktionen geputscht hatte und, zumeist gegen den heftigen Widerstand der Pfarrer, mit allen Mitteln versuchte, die Bevölkerung deutschnational zu beeinflussen und in straffen faschistischen Verbänden zu organisieren. Dass diese nazistischen Gottscheer um den selbst ernannten »Mannschaftsführer« Wilhelm Lampeter am Ende betrogene Betrüger waren und sie ihre Landsleute nicht heim ins Reich, sondern ins Verderben gelockt hatten, macht ihre Schuld nicht geringer, eine Schuld, die sie nach 1945 zumeist nicht einbekannten und in Österreich und Deutschland auf den Treffen der Heimatvertriebenen mit einigem

Wehrkirche, Črmošnjice/Tschermoschnitz

antislawischen Lärm zu vertuschen suchten. Tatsächlich wurden die Gottscheer von den politischen Emissären aus dem »Reich« und der eigenen Führung brachial auf eine Aussiedelung eingeschworen, die so freiwillig nicht war. Jenen, die dennoch zu bleiben gedachten, weil sie ihre Höfe in der Gottschee nicht lassen wollten oder dem Führer misstrauten, wurde der Untergang prophezeit: Wie sollten sie sich auch, war ihre Volksgruppe erst einmal abgezogen, ohne ihr gewohntes soziales, kulturelles, sprachliches, ökonomisches Umfeld behaupten? Rettungslos würden sie im Meer des Slowenentums untergehen oder aber, regierten die Italiener hier erst nach eigenem Gutdünken, so wie die widerspenstigen Südtiroler nach Süditalien verschickt werden. So sagte man es ihnen, so dachten es wohl die meisten. Von den vielleicht dreizehntausend Gottscheern, die damals noch im Ländchen lebten, haben sich durch Druck und Zwang, aus Angst und Hoffnungslosigkeit etwa zwölftausend in die Aussiedelung gefügt; von Begeisterung konnte auch bei ihnen keine Rede sein – wer auch ließe seinen Hof, seine Dörfer, seine Toten, seine ganze Welt begeistert zurück?

Ich konnte den Friedhof von Göttenitz nicht mehr finden. Ich konnte Göttenitz nicht mehr finden. Etwa dort, wo im Dezember 1941 die Dorfbewohner vor den Gräbern standen, stieß ich in der nicht mehr existierenden Gemeinde auf zwei merkwürdige Gebäude. Auf der einen Seite stand ein altes Haus, dessen Verfall weit fortgeschritten war, auf der anderen eine architektonisch kuriose, erst kürzlich geschlossene Großtankstelle von »Iskra Petrol«, die rasch in die Schäbigkeit witterte. Die letzte Ruine der Gottscheer Siedlung und die futuristische Ruine des realen Sozialismus beobachteten einander, wie sie verfielen, eine jede für sich und beide zusammen, in dieser Einsamkeit.

6

Ob Kočevje je eine schöne Stadt war, wie es in so vielen Erinnerungsbüchern von Ausgewanderten steht, ist zu bezweifeln. Alte Stiche zeigen eine kleine, viereckig angelegte und wenig ansehnliche Siedlung, in deren Mitte ein allerdings imposantes Schloss steht und die von einem Flüsschen zugegeben malerisch umschlungen wird. Das Schloss ließ Wolf Engelbrecht von Auersperg errichten, der die Grafschaft 1641 käuflich erwarb. Mit den Auerspergern war nach den legendären Ortenburgern zum ersten Mal wieder eine Familie in den Besitz der Gottschee gekommen, die mit dem Ländchen etwas anfangen wollte. Der innere Ausbau der Kolonie wurde jetzt zügig und planvoll vorangetrieben. Es fügte sich, dass im 18. Jahrhundert, zumal mit Maria-Theresia und ihrem Sohn Josef II., ein aufgeklärter Absolutismus staatliche Reformen durchsetzte, die auch die ferne Gottschee erreichten und von denen auch sie profitierte. Die Insellage des Ländchens, das drei, vier Jahrhunderte fast für sich gelebt hatte, wurde den Gottscheern zum ersten Mal bewusst – just als sie von der großen Welt entdeckt wurden. Diese Entdeckung lehrte sie das Schaudern und die Sehnsucht. Schaudernd fingen die einen an, sich um die guten alten Sitten, das echte, nach eigenem Maß zufriedene Gottscheertum zu sorgen; in anderen aber erwachte die Sehnsucht nach dieser weiten

Welt, nach dem Austausch mit ihr, nach Aufbruch und Ausbruch.

Schon 1492 hatte der Kaiser Friedrich III. den Gottscheern das folgenreiche Privileg gewährt, sich als Wanderhändler zu betätigen. Jetzt, im 18. Jahrhundert, wurde der Hausiererhandel, der Hunderte Gottscheer alljährlich den ganzen Alpenraum erwandern ließ, neben der Wald- und Landwirtschaft zur wichtigsten Einnahmequelle. Kräftige und selbstbewusste Männer aus Familien, deren Grund und Boden nicht für alle ausreichte, machten sich im Herbst auf den beschwerlichen Weg nach Norden, um in der Krain und der Steiermark, in Kärnten, Tirol, Salzburg, Wien ihre Waren in den Gasthäusern und auf den Kirchtagen anzubieten. Die Gottscheberer mit ihrer »Kraxn«, einem geschulterten Holzgestell, in dem sie die Waren transportierten, wurden zu einer in der ganzen Monarchie bekannten Erscheinung. Mit ihrer Tracht, Sprache, Herkunft brachten sie ein wenig Abenteuer, mit ihren geschnitzten, gebastelten, gebackenen Waren bescheidenen Luxus in den Alltag. Noch nach dem Zweiten Weltkrieg konnte man solchen Wanderhändlern, die keine Bettler und keine Vagabunden waren, in den Gasthäusern der österreichischen Städte begegnen. Ihre Ware boten sie mit fremdem Singsang zumeist nicht direkt an, sondern über eine eigenartige Form von Zahlenlotto. Die Gewerbeordnung verbat ihnen nämlich, auf die übliche Weise zu handeln, also Dinge gegen Geld zu tauschen, vielmehr mussten sie die im Bauchladen feilgebotenen Güter mittels eines Lottos an die Kundschaft bringen. Meist hatte der Hausierer ein Säckchen mit holzgeschnitzten Nummern bei sich, aus dem der Käufer drei Karten zog. Lag die Summe der drei Zahlen unter hundert, hatte der Käufer gewonnen, der die von ihm gewünschte Ware als Preis erhielt. Lag die Summe über hundert, hatte der Wanderhändler gewonnen und kassierte den Einsatz. Anfangs war es vor allem Schnitzwerk, das die Gottscheer auf diese Weise verkauften, Geräte des alltäglichen Bedarfs und des kleinen Luxus; später kamen Glaswaren dazu, Südfrüchte, Backwerk, Türkischer Honig, den der türkische Feind dagelassen hatte, Specereyen vom Balkan …

Kehrten die Wanderhändler zu Weihnachten zum ersten Mal heim, brachten sie jenes Bargeld mit, das die Wirtschaft zu Hause ankurbelte. Sie brachten aber auch die Geschichten mit, die nur in der großen Welt zu erfahren waren, und sie berichteten von Landstrichen, aus denen sich die Armen und Mutigen aufmachten, um ihr Glück jenseits des Ozeans zu suchen. Es waren die Hausierer, die ihre wohltönende mittelalterliche Sprache an einem Deutsch messen konnten, das sich seit dem Mittelalter weiterentwickelt hatte, und die dafür sorgten, dass der Kontakt zur deutschen Sprache, von der das Gottscheberisch sich als schöner Seitentrieb weit entfernt hatte, nicht gänzlich abriss. Noch im Jänner machten sich die Hausierer ein zweites Mal auf ihren Weg zu den Alpen und über sie hinaus, spätestens zur Sonnenwende mussten sie wieder zu Hause sein, um dann bis in den Herbst im Wald und auf den Feldern mitzuhelfen. Es ist einzigartig in der europäischen Ökonomie, dass sich eine so eigenartige Branche wie der Gottscheer Wanderhandel fast fünfhundert Jahre gehalten und dabei erstaunlich wenig gewandelt hat. Niemals waren die Gottscheer draufgekommen, irgendwo nördlich der Alpen einen geschäftlichen Stützpunkt zu errichten und einen Import-Export-Handel größeren Stils zu begründen. Zwar gab es auch unter ihnen einige, die es zu Wohlstand brachten, aber ihr Handel blieb auf den körperlichen Einsatz angewiesen, auf den wandernden Mann, der sein Dorf verlässt, in die Welt hinauszieht, seine Ware über Hunderte Kilometer mit sich trägt und, reich an Erfahrungen und Geschichten, mit vollem Geldbeutel heimkehrt.

Wie es den in der bäuerlichen Selbstversorgung wurzelnden Gottscheern an bürgerlichem Erwerbssinn, an Verständnis für die Marktproduktion mangelte, hatte auch ihre »Stadt« nichts urban Geschäftiges entwickelt und blieb die längste Zeit eigentlich ein Dorf, in dessen Mitte das große Schloss stand. Die Grafen, später Fürsten von Auersperg, die ihren Besitz 1792 als »Herzogthum Gottschee« empfingen, galten stets als liberal. Ein Spross der Familie wurde im 19. Jahrhundert als Dichter und Delegierter zum revolutionären Reichstag von 1848 berühmt. Er, der schon mit seinem ersten Buch, den »Spaziergängen eines Wiener Poeten«, der Zensur aufgefallen war, nannte sich als Autor Anastasius Grün, dichtete selber elegisch und satirisch, sammelte trotz seiner deutschnationalen Prägung die Dichtungen aller Völker der Krain und erkannte die Größe des Laibacher Juristen France Prešeren, der zum ersten Nationaldichter der Slowenen wurde. Das Schloss wurde während des Zweiten Weltkrieges, als sich die Italiener und die slowenischen Partisanen gerade in der Stadt Gottschee eine heftige Schlacht Haus um Haus lieferten, erheblich beschädigt. Nach ihrem aus eigener Kraft erreichten Sieg über die Okkupanten haben die Partisanen das Gebäude gesprengt; indem sie planmäßig die Zeugnisse der Geschichte beseitigten, glaubten sie, eine lichte

Zukunft zu begründen. Später wurde dort, wo das Schloss gestanden hatte, ein aus jeder Proportion geratenes Partisanendenkmal und ein Großkaufhaus von sehenswerter Scheußlichkeit errichtet.

Ob Kočevje jemals eine schöne Stadt war, ist zu bezweifeln, zweifellos war sie aber nie so hässlich wie jetzt. Ihre deprimierende Hässlichkeit fällt einem sogleich ins Auge, wenn man von den Rändern eines ziellos gewachsenen Straßendorfes zu den Silos des realsozialistischen Wohnbaus und von dort in eine Innenstadt gelangt, die seltsam lieblos, als hätten die Bewohner wenig Sympathie für sich selbst, zwischen pompösen Nutz- und Zweckbauten, unansehnlichen Parks und Parkplätzen verstreut liegt. Es war gegen Mittag, als wir die sich um die Stadt schlingende Rinse, heute Rinza genannt, überquerten und auf den Hauptplatz einbogen. Das Partisanendenkmal, eine Verherrlichung proletarischen Muskelspiels in Metall und Stein, ragte acht Meter in den Mittag, und ich kam, vor ihm stehend, ins Grübeln, was in Menschen vorgehen mag, die diese monumentale Todesverherrlichung täglich passieren. Auf der anderen Seite thronte klobig und selbst in der strahlenden Sonne ungemein düster wirkend ein Großkaufhaus, errichtet nach jenem architektonischen Prinzip, das dem Spielen mit Bauklötzen huldigt und große Quader fantasielos aneinander- und aufeinanderfügt.

In der Stadt gab es kein Café und nur ein, zwei Wirtshäuser, und abends wurde es bald ruhig, zu ruhig für eine Stadt, die eine sein will. Immerhin leben neuntausend Menschen in Kočevje, mehr als die Hälfte aller Einwohner der Region, denn die ganze Gottschee zählt heute nur mehr siebzehntausend Bewohner. Im Hotel Valentin, dem einzigen in der Stadt, bekamen wir es ausnahmslos mit freundlichen Angestellten zu tun, die drei Mädchen an der Rezeption, die sich im Dienst abwechselten, sprachen fließend Englisch und Deutsch, die Kellner in der Bar reagierten auf den Wunsch der Gäste, noch ehe diese sich bewusst waren, ihn überhaupt verspürt zu haben, und im Speisesaal warteten die Kellnerinnen, um flink mit Rat und Service zur Hand zu sein. Und doch lag eine seltsame Traurigkeit über dem Hotel, sie breitete sich durch die blitzblank geputzten Gänge aus, unaufhaltsam drang sie durch geschlossene Türen, setzte sich in den schweren Vorhängen des Speisesaals fest, im Plüsch der Bar, alle in diesem Hotel sahen sie, fühlten sie, atmeten sie, diese rätselhafte Traurigkeit.

Seit meiner Kindheit, als mein Vater mich und meine Brüder jeden Samstagnachmittag einsammelte und mit uns zuerst ins Salzburger Non-Stop-Kino ging, wo er, erschöpft von den zwei Berufen, die er hatte, nach der Wochenschau einschlief, und dann ins Gasthaus, war ich ein begeisterter Gasthaus-Geher. Regelmäßig Restaurants zu besuchen, um dort mit der Familie zu essen oder Freunde beim Wein zu treffen, hat meine Woche zeitlich stets sinnvoll strukturiert. Was aber ist trauriger, als der einzige Gast zu sein, alleine in einem großen Speisesaal unter dem Luster zu sitzen, in der beklemmenden Stille zu tafeln und nichts zu hören als das Klappern des eigenen Bestecks? Nobel leistete sich das Hotel, dessen einzige Gäste wir für eine ganze Woche waren, den Luxus einer beachtlichen Speisenauswahl, erwartungsvoll blickten die Rezeptionistinnen zur Tür, durch die immer nur wir traten, tüchtig zogen die Zimmermädchen jeden Morgen die Runde, neugierig blickte der Koch in den Saal, kaum dass wir dort Platz genommen hatten: Aber es blieb dabei – es waren immer nur wir, die hereinkamen, sich niedersetzten, Kaffee und Schnaps tranken, Sardinen ausschlugen und sich zu Bärenschinken überreden ließen. Die ganze Woche blieben wir mit den Angestellten des Hotels Valentin allein, die ganze Woche blieben sie mit uns allein, noch nie haben sie Gäste gesehen, die so lange geblieben wären; hatten sie überhaupt schon Gäste gesehen? Träge versickerten die Stunden im Foyer und an der Bar, traurig gewöhnten wir uns aneinander. Nur ein Säufer, pünklich wie ein Beamter der Nacht, schreckte uns zuverlässig aus der depressiven Verstimmung. Kaum war es Mitternacht geworden, hielt er auf seinem langen Weg nach Hause vor dem Hotel inne, schimpfte in sich hinein und zu den Sternen hoch, haderte lauthals mit seiner abwesenden Frau und fluchte ihren hoffentlich nicht erfundenen Liebhabern, kickte zornig blecherne Büchsen über die Straße und zog erst nach Längerem grölend ab. Niemand in der schlafenden Stadt wäre auf die Idee gekommen, ihn je am geregelten Vollzug dieser Selbsttherapie zu hindern. So kann man nicht sagen, dass auf die langen, anstrengenden Tage langweilige Gottscheer Nächte folgten.

7

Augustin Gril ist ein energischer Mann von gedrungener Statur, mit grauem Haarschopf, kantiger Stirn, einnehmender Stimme und verschmitzten Augen. Als er über den Hof seiner Fabrik am Rande der Stadt stapfte, trug er einen grauen Overall wie die Arbeiter und unterschied sich von ihnen am ehesten durch die Schnelligkeit, mit der er unterwegs war. Ich hatte am Vorabend mit ihm telefoniert und gefragt, ob ich ihn besuchen und zum »Gottscheer Altsiedler-Verein« befragen könne, den er vor ein paar Jahren gegründet hatte. Dieser Verein hatte ihn berühmt gemacht, aber der Ingenieur Gril erwies sich als vieles, nur nicht als Vereinsmeier. Sein Vater war drüben, jenseits des Hornwaldes, im idyllischen Pöllandl Gastwirt und Bürgermeister gewesen. Auf dem Sterbebett hatte er seinem jüngsten Sohn aufgetragen, niemals zu vergessen, dass er als Gottscheberer geboren wurde und als Gottscheberer sterben müsse. Die Familie Gril hatte sich gegen die Aussiedelung entschieden und war, allen Verheißungen des Unglücks zum Trotze, in Pöllandl geblieben. Es sei ihnen schlecht gegangen, erzählte er, nachdem er uns in sein Büro, das Bihro, wie er es nannte, geführt hatte. Das Bihro im ersten Stock des Fabriksgebäudes erwies sich als eine Art Umkleidekabine mit Kochnische, vollgeräumt mit allerlei Utensilien, die zur Firma gehörten oder mit ihr nur wenig zu tun hatten, mit Schachteln, Weinkisten, Ordnern mit Geschäftskorrespondenz, Prospekten von Maschinen. Nachdem er sich dreißig Jahre lang über die Unfähigkeit der Wirtschaftsplaner geärgert hatte, nützte Gril in den Achtzigerjahren die Gunst der Stunde und baute sich in kurzer Zeit ein eigenes privatwirtschaftliches Imperium auf. Was alles dazugehörte, wollte er im Einzelnen nicht so recht aufführen, weil es ihm sichtlich zu langweilig war und er lieber über seine Gottscheer sprechen wollte; jedenfalls hatte er den Anfang mit einer Schottergrube und einer

Firma für Betonherstellung gemacht, mittlerweile war ein Baumarkt angeschlossen, und auch in den Tourismus hatte Gril bereits zu investieren begonnen. Man muss sich diesen Kapitalisten in der slowenischen Provinz nicht als berechnenden Ausbeuter vorstellen, sondern als einen Menschen, dessen Auffassungsgabe ein wenig flinker als die der meisten ist und der sich rascher aus der lähmenden Lethargie der planwirtschaftlichen Ära zu lösen wusste. Tatsächlich ist ein größerer Unterschied als der zwischen den asozialen Yuppie-Millionären von Ljubljana, die ihr Geld im Hightech-Handel gemacht haben, und dem plebejischen Unternehmer in Kočevje schwer vorstellbar. Weil bestimmte Dinge in der Provinz fehlten und es zermürbend war, immer monatelang auf sie zu warten, bis sie von irgendeiner Zentrale geliefert wurden, war Gril dazu übergegangen, diese Dinge gleich selber zu organisieren oder herzustellen. Darüber ist er zu einigem Wohlstand gekommen, aber da war ja noch das Versprechen, das ihm sein Vater abgenommen hatte.

Es ging uns schlecht, erzählte er, aber nicht, weil wir Gottscheberer, sondern weil wir Eigentümer waren. Der Vater hatte immerhin das angesehenste Gasthaus weit und breit besessen und eine große Landwirtschaft. Das Gasthaus musste er 1945 aufgeben, weil er ja auch Vieh und Felder hatte und doppeltes Eigentum verboten war. Der Ingenieur hatte nur die Volksschule besucht – und später, nach einer besonderen Eignungsprüfung, gleich die Universität. Schwierigkeiten als Gottscheer habe er in Slowenien nie gehabt, einfach weil es die Gottscheer Minderheit offiziell gar nicht mehr gab und, wer im Lande geblieben war, als Slowene galt. Darum hatte er in der Schule oder beim Militär niemals darunter zu leiden gehabt, ein Gott-scheer zu sein, denn für die Institutionen sei er schlicht keiner gewesen.

Ein begabter Erzähler, der um die Wirkung seiner Anek-doten wusste und mit einem vokalisch dunklen und stark konsonantisch geprägten Deutsch sprach, ließ dieser Ge-schäftsmann, der das Telefon nicht abhob und sich ent-schlossen hatte, sich im Erzählen nicht mehr stören zu lassen, immer wieder einen gewinnenden Schalk aufblitz-zen. Fast alles, was er zuerst im Allgemeinen behauptete, relativierte er später selber mit einer besonderen Anekdote, die er schon um ihrer selbst willen nicht unterdrücken wollte. So legte er zunächst dar, dass das alte Jugoslawien ein Staat war, in dem der Geheimdienst ein geheimes Re-giment führte und das Militär auch im zivilen Leben allzu viel Macht besaß. Dann aber erzählte er von seiner eigenen Militärzeit und dass er sich, weil der Dienst gar so lange dauerte, darum bewarb, als Chauffeur des Generalstabs eingesetzt zu werden. Von hundert Kandidaten seien nur vier genommen worden, und er, der Gottscheberer, war der Einzige, der bei der Prüfung die Ehre Sloweniens ge-rettet habe, denn die drei anderen kamen aus Kroatien, Montenegro und Serbien. Als er die erste Fahrt mit dem mazedonischen General unternahm, den er in den nächs-ten zwölf Monaten chauffieren musste, hätte ihm dieser gesagt: »Du hast eine ganz schlechte Akte, aber du fährst gut, und du wirst nicht verraten, was immer du hörst und siehst.« Tatsächlich habe ihm seine Akte, in der er als Sohn eines Eigentümers und national unzuverlässiges Element gezeichnet wurde, nicht geschadet, und über den hoch-anständigen kommunistischen General, den er durchs

Land fuhr, ließ der Unternehmer Gril noch Jahre nach dem Zerfall Jugoslawiens nichts kommen.

Sie hätten es schwer gehabt, aber den Gottscheberern, die das Ländchen verlassen hatten, wäre es noch schlimmer ergangen. Keineswegs wurden sie irgendwo in Osttirol, der mythischen Urheimat, angesiedelt, in geschlossenem Siedlungszusammenhang, vielmehr brachten die Züge sie nur rund fünfzig Kilometer nordostwärts in ein Gebiet, das amtlich als Sawe-Sota-Streifen firmierte und gemeinhin das Ranner Dreieck genannt wurde. Dieses Gebiet um die Stadt Rann sollte auf Dauer dem Deutschen Reich eingegliedert werden, und als die Gottscheer dort eintrafen, war eben die einheimische slowenische Bevölkerung daraus vertrieben worden. Als die Gottscheer Bauern sahen, wo sie gelandet waren und dass ihnen die Höfe vertriebener Bauern zugewiesen wurden, hätten selbst die Dümmsten von ihnen gewusst, dass diese Geschichte schlimm enden werde. 1945, als die Partisanen die deutschen und italienischen Truppen aus dem Land warfen, haben sie denn auch die Gottscheer, die sich in ihren Augen als Schützlinge der Besatzer erwiesen hatten, aufs Brutalste drangsaliert, ins berüchtigte Lager Sterntal bei Pettau/Ptuj getrieben, in dem viele Menschen, darunter ausnahmslos alle Kleinkinder, an Seuchen und Hunger starben, und sie schließlich außer Landes gejagt. Doch selbst die, die überlebten, haben oft noch jahrelang in deutschen und österreichischen Flüchtlingslagern gehaust. Und auch wenn sie die Auswanderung in die USA schafften oder es langsam in Österreich und Deutschland zu einigem Wohlstand brachten – hatten sie nicht trotzdem das schlechtere Los gezogen? Augustin Gril war sich sicher, dass es so war: Will ich in Baden-Wirrrtembärckh ein Kaufhaus haben?

Wie viele Gottscheer in Slowenien geblieben sind, lässt sich genau nicht sagen. Augustin Gril meinte, dass es etwa sechshundertfünfzig waren. Das waren natürlich zu wenige, um eine eigene Gottscheer Kultur zu behaupten, und noch dazu lebten sie nahezu ohne Kontakt weit verstreut über das Ländchen. Zudem war bis 1972 auch jede Verbindung zu den ausgesiedelten Gottscheern verboten, sodass sie sich völlig vergessen wussten. Aber, sagte Gril, das sind die Gottscheberer immer gewohnt gewest, dass sie vergessen sind.

8

Slowenien hat seit kommunistischen Zeiten eine vorbildliche Minderheitenpolitik gepflegt, was die italienische Volksgruppe in Istrien und die ungarische im Nordosten des Landes anbelangt. 1991 aber gab es zum ersten Mal seit Menschengedenken eine Volksbefragung, bei der auch das nationale Bekenntnis als Österreicher oder Deutscher zulässig war. 191 slowenische Staatsbürger bezeichneten sich als Angehörige der österreichischen Nation, 546 bekannten sich als Deutsche, und eigenartigerweise gaben 1543 Menschen an, dass ihre Muttersprache Deutsch sei. Dieses Ergebnis ist so leicht nicht zu deuten. Die 1543 Menschen stellen jedenfalls nicht den verbliebenen Rest der alten Gottscheer Sprachinsel dar. In Slowenien gab es einige Regionen, in denen deutschsprachige Bevölkerungsgruppen jahrhundertelang lebten und die sich aus anderen historischen Einwanderungsschüben rekrutiert hatten, etwa die sogenannten Untersteirer, die vornehmlich das Bürgertum einzelner Städte wie Marburg oder Cilli bildeten. In Marburg, slowenisch Maribor, bekannten sich bei der Volkszählung von 1910 noch über achtzig Prozent zur deutschen Nationalität, was bedeutet, dass damals wesentlich mehr Deutschsprachige in Marburg als im österreichischen Klagenfurt lebten, umgekehrt aber auch wesentlich mehr Slowenen in Klagenfurt/Celovec als im später vollständig slowenisierten Maribor! Da wie dort ist es den Nationalisten gelungen, diese Erbschaft der Geschichte gründlich zu zerstören. Nach 1991 haben sich jedenfalls zwei Gottscheer Vereine gebildet, der »Slowenische Gottscheer Verein Peter Kosler« in Ljubljana und der »Gottscheer Altsiedler Verein« in Pöllandl/Polanje. Im Unterschied zur italienischen und zur ungarischen weiß Slowenien mit der deutschsprachigen Minderheit und ihren zaghaft sich bildenden Vereinen nicht so recht umzugehen. 1543 Menschen haben Deutsch als ihre Muttersprache angegeben, 191 davon sich als Österreicher, 546 als Deutsche ausgewiesen. Keine bedrohlichen Zahlen, möchte man annehmen, eher die Bilanz eines erschreckenden Verlusts, bedenkt man nur, dass es einmal fast dreißigtausend Gottscheer und, alleine in der Umgebung von Maribor, rund vierzigtausend deutschsprachige Altösterreicher gegeben hat.

Die Volkszählung hat in Slowenien jedoch weder sentimentale Erinnerungen geweckt noch eine kritische Selbstreflexion darüber bewirkt, ob man womöglich auch selbst am Schicksal der Altösterreicher in Slowenien etwas verschuldet habe, sondern allenfalls zu nationalistischen

Wallungen geführt. Ein roher Nationalismus, der gar nicht weiß, dass er einer ist, gab sich umso ungenierter kund, als er sich jedenfalls selbst gerechtfertigt wusste: Slowenien war von deutschen Truppen überfallen worden, die Wehrmacht hatte auf dem Balkan gewütet, man brauchte also nur das »Dritte Reich« mit den seit Jahrhunderten auf dem Balkan ansässigen deutschsprachigen Bevölkerungsgruppen zu identifizieren, und schon war deren vieltausendfache Vertreibung, Ausplünderung, Ermordung nachgerade zur antifaschistischen Tat geworden, zu der man sich, gleich ob bei den Donauschwaben oder Gottscheern, noch fünfzig Jahre später stolz bekennen mochte. Der Direktor des »Museums der Volksbefreiung« etwa, Marjan Žnidarič, hat die Volkszählung mit der bestürzend geringen Zahl an deutschsprachigen Bürgern Sloweniens zum Anlass genommen, eine wahre Schreckensvision an die Wand zu malen: Die Nordgrenze werde sukzessive immer weiter nach Süden versetzt und den Slowenen der natürliche Lebensraum genommen werden. Die Jugendzeitschrift »Mladina« wiederum zeigte 1996 auf dem Titelblatt die Karikatur eines Steirers in Lederhose, mit einem Bündel Mark in der einen, der slowenischen Flagge in der anderen Hand, der unter dem balkengroßen Spruch: Wir sind wieder da! antritt, den Slowenen das Land wegzunehmen. Ein faschistoides Bild wie dieses, das in einer österreichischen Zeitschrift etwa einen Slowenen zeigen würde, der gen Kärnten zieht, hätte sofort den verdienten Proteststurm aller Intellektuellen des Landes hervorgerufen; in Slowenien blieb er beschämenderweise aus, und »Mladina«, einst das Sprachrohr der kritischen slowenischen Jugend, die sich gegen Belgrader Zentralismus und jugoslawischen Militarismus empörte, hat sich als ordinäres Hetzorgan des nationalistischen Ressentiments bewährt. Die Ethnisierung des Alltags hat eben nicht nur eine Vergangenheit in Serbien, sondern bei Bedarf auch eine Zukunft anderswo in Europa. So klein kann eine Minderheit gar nicht sein, dass eine Mehrheit, der es danach gelüstet, einen inneren Feind zu haben, diese nicht zur nationalen Gefahr erklären würde, vor der man sich schützen müsse.

9

Vor dem Haus lag ein uralter Hund schlafend in der Sonne, und ein paar muntere Katzen, deren weißes Fell abenteuerlich schmutzig war, trieben mit dem erschöpften Riesen ihr Spiel. Die Frau, die aus der Tür des renovierungsbedürftigen Hauses trat, auf dem der Schriftzug »Gasthaus Zur Post« kaum mehr zu entziffern war, trug bäuerliche Kleidung und war unverkennbar die ältere Schwester Augustin Grils, die wir gesucht hatten. Maritza sah ihrem Bruder ähnlich, aber sie widersprach dem meisten, was er uns erzählt hatte. Nein, ihr taten die Aussiedler nicht so leid wie ihrem Bruder, oder vielmehr, sie taten auch ihr leid, aber das alles wäre nicht nötig gewesen. Maritza äußerte große Vorbehalte gegen die vielen, die damals der Propaganda erlegen waren und dem Druck nicht widerstanden hatten. Recht besehen, waren diese Aussiedler, die die Heimat im Stich ließen, dafür verantwortlich, dass Maritza sich jetzt mit dem »Altsiedler Museum« abplagen musste. Das Museum ist ein schmuckes Haus, das mit österreichischem

Geld hergerichtet wurde, und es grenzt an das Gasthaus Zur Post, das einst dem Vater Gril gehörte.

Gerne führte Maritza uns hinüber ins Museum, das eigentlich aus zwei Rumpelkammern bestand, die sie ungeordnet vollgeräumt hatte und in denen sie alles aufbewahrte, was ihr nur irgendwie vom Leben in der Gottschee zu zeugen schien. Töpfe, Teller, Pfannen, Messer waren ebenso darunter wie Heugabeln, Sicheln, Besen, Hacken, eine Wiege, eine Winterrodel, alte Ansichten und neue Amateurfotos, amtliche Verlautbarungen, Aschenbecher, kaputte Schuhe, Tischdecken, Stoffe. Frei von jeder konservatorischen Skepsis, sammelte Maritza schon lange, was ihr jene Welt, aus der sie kam und in der sie lebte, zu repräsentieren schien. So fanden wir in ihrem Altsiedler Museum Streichholzschachteln aus der Schweiz neben Unterhaltungsromanen aus Wien und hunderterlei Zeug, das nichts spezifisch Gottscheerisches an sich hatte. Und doch war es Teil von Maritzas Leben und darum würdig, in diesem Museum aufgehoben zu werden. Maritza erklärte uns die Dinge und lachte dabei oft, wie traurig manches auch war, von dem sie erzählte.

Nein, Maritza mochte die Aussiedler, die damals wegzogen, nicht besonders, fast schien sie es ihnen nachzutragen, dass sie die wenigen, die blieben, im gemeinsamen Ländchen alleine gelassen hatten. Jeder hätte bleiben können, sagte sie, aber die meisten Leute glaubten halt den falschen Propheten. Hier im Ort, in Pöllandl, einem uralten Gottscheer Dorf, wären nur ihre Familie und noch eine zweite geblieben, und seitdem die Eltern tot und die Geschwister fort waren, hatte sie fast niemanden mehr gehabt, mit dem sie Gottscheeberisch sprechen konnte. Auch von dieser Sprache, die Valvasor noch als »grobdeutsch« charakterisierte, hatte Maritza ihre eigenen unkonventionellen Auffassungen. Das Gottscheeberisch, erklärte sie mir, war eine eigene Sprache, kein Dialekt des Deutschen, oder vielmehr: vielleicht anfangs ein Dialekt, aber später eine eigene Sprache, die sich zum Deutschen ungefähr so verhielt wie das Slowenische zum Kroatischen. Man versteht diese Sprachen, wenn man will, aber sie sind etwas anderes. In Maritza, kein Zweifel, lernten wir eine Gottscheer Patriotin kennen, der das Deutschtum ziemlich ferne, Slowenien sehr nahe war. Dass es mit einem Mal kaum mehr Gottscheberer gab, hat ihr Leben überschattet, aber wenn sie zu jemandem Zuneigung empfand, dann natürlich nicht zu denen, die weg waren, sondern zu den Menschen, mit denen sie seit sechzig Jahren in diesem Dorf wohnte, zu den Leuten von Pöllandl, das jetzt halt Polanje hieß, und die nun eben fast alle Slowenen waren.

Pöllandl zeigte sich uns als schönes Dorf, in dem die Leute auf den Straßen freundlich und gar nicht misstrauisch waren. Ja, Maritza, sagten erfreut gleich die Ersten, die wir nach dem Weg fragten, und als wir Maritza in ihrem Haus zuerst nicht fanden, traten die Nachbarn aus den Häusern heraus und beratschlagten, wo ihre Maritza nur wieder sein konnte. Fast schien es, dass die Slowenen des Ortes ein wenig stolz darauf waren, dass hier ein Museum stand, wenn es auch einer Bevölkerung galt, die fast vollständig verschwunden war. Nein, sagte Maritza, sie glaube nicht, dass es in dreißig Jahren noch Gottscheeberer geben werde, die paar Alten, zu denen sie gehöre, wären die Letzten. Aber drüben in Krapflern versuchen es jetzt ein paar Junge, die müssten wir besuchen.

Das Tal von Pöllandl liegt, anders als das Göttenitzer Tal, das die Gottschee nach Westen hin abschließt, im Osten des Hornwaldes und hat einen ganz anderen landschaftlichen Charakter. Inmitten weit geschwungener Hügel wähnt man sich in der Steiermark, und auch die überwiegend frisch gestrichenen Häuser könnten irgendwo im nördlichen Alpenraum stehen. Wir mussten von Pöllandl aus nur ein paar Kilometer die Landstraße südwärts fahren, um nach Krapflern zu kommen. Občice hieß der Ort jetzt, und ähnlich wie in Polanje waren viele Leute vor dem Haus, im Garten mit irgendeiner Arbeit beschäftigt. Als wir uns nach Maride Tscherne erkundigten, zog gleich der Erste das Handy, um die Gesuchte anzurufen. Geradezu begeistert zeigte er uns, wo wir das Haus mit der Nummer 9 finden würden, und fast hätte der junge Slowene uns an der Hand genommen und zu dem Gebäude geführt, in dem zum ersten Mal seit über sechzig Jahren wieder Unterricht in Gottscheeberisch und Deutsch erteilt wird.

Maride Tscherne wurde 1972 geboren und hatte sich in der Schule immer darüber geärgert, dass »Gottscheer« von ihrer Generation als Schimpfwort gebraucht wurde.

»So wie Nazi?«

»Nein, mehr wie Zigeuner.«

Ihr Vater war ein Gottscheer, die Mutter eine Slowenin mit einer Gottscheer Großmutter. Ihre ganze Familie hatte sich damals gegen die Aussiedelung entschieden, weil man als Christ doch einem Hitler nicht trauen konnte. Zu ihren Großeltern hätten die Partisanen, als sie 1945 aus dem Wald herunterkamen und die Dörfer nach Kollaborateuren durchkämmten, gesagt: Ihr seid geblieben, ihr könnt keine Nazis gewesen sein.

Irgendwann, als sie schon Theologie studierte, fasste sie den Plan, Sprachkurse für die Enkel der im Lande gebliebenen Gottscheer anzubieten, und in Zusammenarbeit mit dem Altsiedler-Verein Pöllandl wurde ein heruntergekommenes Haus gekauft und hergerichtet, in dem sich nun seit einiger Zeit die Kinder aus der Gegend treffen. Immerhin siebenunddreißig waren es schon, die sich nach einem Jahr regelmäßig einfanden, die meisten von ihnen konnten anfangs kein Wort Deutsch.

»Unterrichten Sie Gottscheerisch oder Deutsch?«

»Beides. Nacheinander.«

»Gibt es überhaupt noch so viele Gottscheer Familien?«

»Ich verlange keinen Familienpass. Auch von den bosnischen Flüchtlingen schicken ein paar die Kinder zum Deutschunterricht. Und wenn die Slowenen ihre Kinder bei uns Deutsch lernen lassen, kann es für uns nur gut sein.«

Maride Tscherne zeigte uns in den hellen, freundlichen Räumen, wie sie den Unterricht gestaltete. An den Wänden hingen Bilder mit Tieren, Obst- und Gemüsesorten, Bäumen, deren Bezeichnungen spielerisch in drei Sprachen gelernt werden sollten. Mir fiel ein, dass eines der sprachlichen Wunderkinder der österreichisch-ungarischen Monarchie, der legendäre, mit vierunddreißig Jahren im Ersten Weltkrieg gefallene Josef Stalzer aus dem nahen Lichtenbach stammte. Er beherrschte angeblich zwanzig, teils außereuropäische und tote Sprachen und lehrte als Dozent an der Universität Wien. Ja, bekräftigte Maride Tscherne, es ist gut, viele Sprachen der Welt zu können, aber alle Sprachen eines Gebietes müsse man können. Das Geld, das sie für ihre Unterrichtsmaterialien brauchte, wäre übrigens von den Südtirolern gespendet worden. Wie sie an die Südtiroler herangekommen sei? Über die Slowenen in Kärnten. Auf einer Tagung habe sie slowenische Mitglieder des österreichischen Volksgruppenrates kennengelernt und ihnen ihre schwierige Situation geschildert. Und die Kärntner Slowenen hätten ihr dann mit den Adressen der wohlhabenden Südtiroler Stiftungen weitergeholfen.

»Ist das nicht eigenartig?«

»Nein, das ist normal. Die Minderheiten sind alle in derselben Situation. Wir verstehen einander.«

10

Wie schwer sich die Gottscheer schon im 19. Jahrhundert mit der deutschen Sprache taten! In Stari log, früher Altlag genannt, einem der größten Dörfer am Rande des Hornwalds, betraten wir endlich einen Friedhof, in dem die Gräber der Gottscheer nicht von wucherndem Gras überwachsen, die Grabsteine nicht umgeworfen oder gestohlen waren, die Erinnerung an die Toten der verschwundenen Nationalität nicht gezielt beseitigt oder achtlos preisgegeben wurde. Irgendjemand musste in den letzten Jahren die Grabsteine aufgerichtet, die verblassten Schriftzüge nachgezogen und dabei all die Fehler in Ausdruck und Rechtschreibung vorsätzlich beibehalten haben:

»Unheilbahr die Wunde
Die dein Tot uns schlug,
Unvergesslich bleibt die Stunde,
wo mam dich zum Grabe trug.«

94

Einzelnen Gräbern war eine kleine amerikanische Flagge aufgepflanzt. Seit dem Fall des Eisernen Vorhangs bereisen viele Amerikaner Ost- und Mitteleuropa, auf der Suche nach dem mythischen Land der Vorfahren. Aus der Gottschee waren seit 1850 Tausende ausgewandert, besonders viele um die Jahrhundertwende, dann wieder in den Zwanzigerjahren und, natürlich, nach dem Zweiten Weltkrieg, als ganzen Familien von ihren um Generationen vorausgezogenen Verwandten zur Einwanderung direkt aus den Flüchtlingslagern verholfen wurde. Die ersten Siedler hatten in den Wäldern von Wisconsin und Montana, in den Bergwerken von Pennsylvania geschuftet, den Nächsten gelang es in New York und in Cleveland meist rasch, sich eine Existenz aufzubauen; wo immer sie hinkamen, suchten die Ausgewanderten in Gesangsvereinen, Brauchtumsgruppen und Hilfsorganisationen wie dem »Gottscheer Krankenverein Inc.« kulturellen und sozialen Zusammenhalt zu behaupten.

Aus einer merkwürdigen Idee war 1918 nichts geworden. Damals, als die Donaumonarchie zerbrach, hatten Gottscheer in den USA und Gottscheer im Ländchen, die nicht ganz zu Unrecht befürchteten, dass sie es nunmehr mit Nationalitätenkämpfen zu tun bekommen würden, bei denen sie nur verlieren könnten, allen Ernstes versucht, eine unabhängige Republik Gottschee auszurufen und unter amerikanisches Patronat zu stellen. Daraus wurde natürlich nichts, und die Delegierten, die sich aufgeregt auf die Reise nach Paris gemacht hatten, um vor den Mächten der Friedenskonferenzen Gehör zu finden, durften ihre Petition in irgendeinem Vorzimmer abgeben, dann aber wieder nach Hause fahren.

Was ins Museum kommt, Polanje/Pöllandl

Heute leben Gottscheer und ihre Nachfahren in vielen Ländern der Erde, in namhafter Zahl in Österreich und in Deutschland, am meisten von ihnen freilich in den USA, wo wohl über sechzigtausend Menschen von Gottscheern abstammen und sich großteils dieser Abstammung auch noch bewusst sind. Sie können zumeist nicht mehr Deutsch, diese Söhne, Enkel, Urenkel von Einwanderern, aber es ist durchaus üblich, dass sie sich auch heute noch in Gottscheer Vereinen und Freizeitklubs organisieren. Wichtiger als diese Form von Traditionspflege und Identitätssicherung ist jedoch das Internet geworden, das unzählige Gottscheer in den USA nutzen, um sich über die alte Welt, der sie entstammen und die sie zumeist nie gesehen haben, zu informieren und zu unterhalten. Darum finden sich im Internet ungezählte Dokumente, in denen biedere amerikanische Bürger ihren Stammbaum zurück bis zum Jahr 1830 darlegen, alte Fotos der Familie zeigen, wie sie sich etwa 1905 zu einer Hochzeit in Nesselthal versammelte, einen Abriss der Gottscheer Geschichte aus irgendeinem Geschichtswerk zusammenfassen, nach anderen Leuten fragen, deren Urgroßeltern aus demselben Dorf kamen, und im Übrigen die ganze Gottscheer Gemeinde des Internets darüber informieren, welches ihre Hobbys (Flugzeugfotografien) sind, wie es mit den Kindern steht (drei erwachsene Töchter, Mary Ellen heiratet nächsten Monat in East Lemon Eric Lindgren) und wann im nächsten Jahr der Gottscheer Fasching von Milwaukee stattfindet. Diese oft sehr umfangreichen Dokumente fügen Historisches und Aktuelles, Politisches und Privates auf den ersten Blick ganz willkürlich aneinander, und ich war, als ich mit der ungeheuren Präsenz der Gottscheer im Internet konfrontiert wurde, zunächst sehr verwundert darüber, was hier alles gezeigt, zur Diskussion gestellt, mitgeteilt wurde. Nach und nach erst wurde mir klar, dass diese Leute ja keine wissenschaftliche Debatte führen und ihre Suche nach den Wurzeln in der versunkenen Gottschee auch nicht zielgerichtet betreiben wollten, sondern dass sie sich im Internet eine Art von Heimat errichteten. Und wie Maritza Gril in Pöllandl alles ins Museum brachte, was mit ihrem Leben zu tun hatte, auch Dinge, die von irgendwoher und durch Zufall in die Gottschee gebracht wurden, so gehört an diesem Heimatabend im Internet auch die Nachricht verlautbart, dass Timmy, der Jüngste, beim Sportwettbewerb seiner Schule Dritter in den Disziplinen Hochsprung und Hundertmeterlauf geworden ist. Über derlei Dinge spricht man eben, wenn man sich auf der Dorfstraße trifft, und das Internet hat es ermöglicht, die reale Gottschee durch eine virtuelle Heimat zu ersetzen. Dieser Heimat streben immer mehr Gottscheer in den USA zu. Am Friedhof in Altlag liegen die Urgroßmütter:

»Ruhestätte der Frauen
Maria und Josefa Eisenzopf.
Gewidmet von Ihren inixtgeliebten
Gatten u. trauernde Kinder in Amerika.«

II

Unweit von Stari log liegt das gewaltige Massiv des Hornwalds, eines Urwalds, der aus karstigem, wasserdurchlässigem Boden wächst, sich bis zu tausend Metern Höhe erhebt und dessen mächtige, den Himmel verdeckende Bäume in steinigem Boden wurzeln. Dass sich der Wald wie eine Kuppel über dem Land schließt, hatten die Partisanen zu nutzen gewusst und hier ihre großen Basislager errichtet, die von den Aufklärungsflugzeugen nicht zu sehen waren. Der Wald war ihre Domäne, und ein nationaler Wallfahrtsweg führt über viele Kilometer immer tiefer in den Wald hinein zur »Baza 20«, der größten Basis der Partisanen, mit sechsundzwanzig Holzbaracken, die noch heute zu besichtigen sind und bis vor wenigen Jahren das obligatorische Ziel patriotischer Schul- und Familienausflüge waren. Die Partisanen, die in einem opferreichen Kampf die Besatzungstruppen ohne Hilfe der Alliierten besiegten, hatten im Wald ihre Gegenzivilisation aufgebaut. Unweit von der Baza 20 saßen versteckt im Rog die Partisanenkrankenhäuser von Jelendol und Zgornji Hrastnik. Dort, keine zwanzig Kilometer von deutschen und italienischen Stellungen entfernt, waren im unzugänglichen Wald zwei Behelfsspitäler errichtet worden, in die die verwundeten Partisanen gebracht wurden. In Zgornji Hrastnik, in dem nur Schwerverwundete Aufnahme fanden, wurden an die vierhundert Kämpfer versorgt, darunter Jugendliche, die ihre Dörfer verlassen, sich dem Kampf gegen die Besatzer angeschlossen hatten und nun ihre Beine amputiert bekamen; um die Baracken sind die Grabstätten von sechsundsiebzig Kämpfern, die im Krankenhaus starben.

Der Rog, der Hornwald, ist ein idyllischer Ort der Gewalt. Die Gottscheer Dörfer sind hier fast allesamt vom Wald wieder verschlungen worden. Wenn man mit alten Karten in den Rog fährt, sucht man die eingezeichneten Orte zumeist vergebens. Nur selten öffnet sich der Wald

zu einer Lichtung, in der eine Zeile mit fruchtlosen Obst-
bäumen verrät, dass hier einmal ein kultiviertes Stück Land
war. Doch der Weg zur Baza 20 wird seit einigen Jahren
auch von einem Kreuzweg begleitet, der alle paar Hundert
Meter mit einer schlichten, künstlerisch ansprechenden
Holzskulptur aus dem Wald tritt. Und dann fielen uns
die ersten unauffälligen Holzschilder auf, die mit »Grob-
nica« beschriftet waren und deren Pfeil in die Richtung
wies, wo die Grabstätten lagen. Um zu ihnen zu gelangen, mussten wir von der Straße weg ein paar Minuten ins
Untergehölz des steinigen Waldes steigen. Dann kamen
wir zu den Stellen, wo der Karst tief in Dolinen eingebro-
chen war. Hierher hatten die Partisanen ihre Feinde getrieben, Kollaborateure der Besatzungsmacht, slowenische
Domobranci, kroatische Ustaschi oder auch nur Gegner
der Kommunisten, »Eigentümer«, bürgerliche Elemente.
Viele von ihnen hatten sich bei Kriegsende nach Kärnten gerettet und waren dort vom britischen Generalstab
an Jugoslawien ausgeliefert und über hundert Kilometer
durch das Land getrieben worden, in diesen Wald, um in
diese Doline hineingeschossen zu werden. Der Rog, der
Hornwald, ist der verschwiegene Ort der slowenischen Geschichte, der Ort der verschwiegenen slowenischen Geschichte. »Tišina. Smo na svetem kraju«, nichts sonst stand
an dieser tiefen Senke des Waldes: »Stille. Wir sind auf hei-
ligem Boden.« In der entsetzlichen Stille drängten sich mir
unabweisbar immer dieselben Fragen auf: Waren, die hier
in langen Reihen von weit her ihrem Massengrab entgegen
getrieben wurden, durstig, hungrig, geschwächt, allesamt
Domobranci, Ustaschi, Kriegsverbrecher? Waren alle Domobranci Kriegsverbrecher? Hatte sich jeder von den

Kollaborateuren persönlich schwerer Verbrechen schuldig gemacht? Und wenn sie es haben, darf man dann so mit ihnen umgehen? Haben Gewalttäter, die die Menschenrechte verletzten, selber keine Menschenrechte mehr? Darf man sie malträtieren, lynchen, namenlos ins Massengrab schlagen?

Heute weiß man, dass hier nicht nur Verbrecher, Folterknechte, Lagersadisten gerichtet, sondern auch Ungezählte ermordet wurden, deren Verbrechen darin bestand, gegen die Direktiven der Partei verstoßen zu haben, oder die nur von irgendjemandem, der eine alte Rechnung begleichen wollte, denunziert worden waren. Ob jene Partisanen, die ihre Gegner in tagelangen Märschen hierhertrieben, um sie zu töten, ahnten, dass sie damit das Opfer ihrer Genossen schändeten, die ein paar Kilometer weiter im Partisanenkrankenhaus gestorben waren und auf den Friedhöfen des Waldes ruhten? Sie wussten jedenfalls, dass ihre Tat verborgen bleiben musste, denn sie haben sich den Wald, den finstersten Wald für sie ausgesucht und ihre Opfer in Dolinen hinabgeworfen, aus denen niemals wieder auch nur ihre Knochen geholt werden können.

Ich dachte an all die Vergeblichkeit, an die vielen Gottscheer Dörfer, von denen hier nichts geblieben ist und die dem Wald zurückgegeben wurden, aus dem sie einst mit Axt und Entbehrung geschlagen worden waren. Die ganze Reise über war mir die Gleichgültigkeit, mit der die ansässige Bevölkerung die Orte, selbst die Friedhöfe der nicht mehr hier ansässigen Bevölkerung verfallen ließ, roh und pietätlos erschienen. Hier, im Hornwald, vor den Gräbern der Partisanen, die in den Baracken behelfsmäßig errichteter Spitäler krepiert waren, vor den Dolinen, in die die Domobranci gestoßen wurden, kam mir in den Sinn, wie vieles den Slowenen angetan wurde und wie vieles sie einander angetan hatten. Und plötzlich, im tiefen Wald, begriff ich, dass ich mich mitten in ihrer Geschichte befand.

Die Zeit von Civita –
Bei den Arbëreshe in Kalabrien

An diesem ersten Sonntag im Oktober des Jahres 2000
wurde ich am Dorfplatz von Civita aufgefordert, den merkwürdigen Streit zweier alter Männer zu entscheiden. Civita
liegt zweihundertfünfzig Kilometer südlich von Neapel,
fünfundsiebzig nördlich der Provinzhauptstadt Cosenza,
abseits der Landstraße, die hier, an einer der schmalsten
Stellen Kalabriens, das Tyrrhenische mit dem Ionischen
Meer verbindet. Auf einer kleinen, kurvenreichen Straße,
die ins Nichts zu führen scheint, geht es steil den Berg hinauf, bis nach einer Biegung, kühn in den Fels gebaut, der
Adlerhorst zu sehen ist. Civita leitet seinen Namen vom
albanischen Qift her, was Adler im engeren und im wei-
teren Sinne das Nest des Adlers bedeutet, und tatsächlich
mutet der Ort, der nach drei Seiten von schroffen Felsen,
nach der vierten von einer tiefen Schlucht begrenzt wird
und sich dicht gedrängt in die Mulde dazwischen schmiegt,
wie ein geschütztes Nest im hohen Gebirge an. Civita zählt
heute tausendzweihundert Einwohner, Albaner zumeist,
die sich nach der Region Arbënor im Süden Albaniens,
die ihre Vorfahren vor über fünfhundert Jahren verlassen

mussten, Arbëreshe nennen. Am späten Sonntagnachmittag schien ein guter Teil der männlichen Bevölkerung am Hauptplatz versammelt zu sein.

Der Platz vor dem Muncipio, zweisprachig auch als Bashkia ausgewiesen, war fast eben, geradezu weiträumig angelegt und von schöner unregelmäßiger Struktur. Von allen Seiten mündeten enge, abschüssige Gassen in den Platz, dessen Mitte ein viereckiger Brunnen mit byzantinischem Relief bildete. Überall, vor den zwei Cafés, den Häusern, auf der Straße, vor dem Brunnen und in dem kleinen Park mit seinen vier Bänken, standen jetzt die Männer beisammen. Sie standen und unterhielten sich oder standen und schwiegen miteinander, oder sie saßen um die wackeligen Tische vor den Cafés und spielten Karten, wobei auf jeden sitzenden Spieler mindestens vier sich fortwährend mit Kommentar und Belehrung in das Spiel einmischende stehende Zuseher kamen. Als wir den Platz erreicht hatten, stockten Gespräche wie Spiele. Aus der Ferne war der Roganello zu hören, wie er tief unten in der Schlucht an Civita vorbei dem Ionischen Meer entgegendonnerte. Obwohl wir mit einem Mal von allen Seiten beobachtet wurden, hatte der Moment nichts Beklemmendes, denn da waren zwei Dinge, die uns sogleich aufgefallen waren: Alle diese Männer waren alt, und alle lächelten sie.

Eine gelassene Neugier ging von ihnen aus, und als ich mich auf die Ersten zubewegte, war ich sicher, dass sie mindestens so sehr an uns interessiert waren wie wir an ihnen und es jetzt nur mehr darum ging, wer als Erster das Wort ergreifen und so das Gespräch beginnen würde – ich, der ich neu angekommen war und als Fremder unter sie trat, oder ein besonders Neugieriger von ihnen, der mich mit einer Frage willkommen hieß. Es genügte schließlich ein an niemand Bestimmten gerichtetes »Buongiorno«, sogleich kam es aus einem guten Dutzend Münder zurück, so prompt, als handelte es sich bei den alten Männern um eine Gruppe von Schülern, die aufmerksam gewartet hatten, bis sie dem Herrn Lehrer den höflichen Gruß erwidern konnten. Ja, diese Siebzig- und Achtzigjährigen, viele mit dem Hut auf dem Kopf und zum Ausgehen in die farblos dunklen Hosen und Jacken gesteckt, denen man im Süden bei Leuten ihrer Generation so häufig begegnet, hatten nur auf uns gewartet. Fast jeder, der sich dem Gespräch zugesellte, gab einen kurzen Überblick über sein Leben, wo er für wie viele Jahre gearbeitet hatte, wann er, als er das Pensionsalter erreicht hatte, nach Civita zurückgekehrt war, und in welcher Ferne jetzt die Kinder und Enkel lebten. Kaum einer von ihnen war nicht als Arbeiter in die Welt hinausgezogen, nach Norditalien, in die Schweiz, nach Offenbach oder Bielefeld, nach Skandinavien oder Amerika, und sie alle erzählten es, als wäre es dort nur zu ertragen gewesen, weil sie wussten, dass es Civita, dass es den von hohen Felswänden eingekesselten Ort und diesen Platz gab, auf den sie eines Tages zurückkehren würden, um dort zu stehen, zu rauchen, die Berge ringsum zu betrachten und über die Jahre, die vergangen waren, nachzusinnen.

Ganz Süditalien ist ein Land der Arbeitsemigranten, und zumal die Kalabresen werden seit Generationen in die Länder des Nordens, zu denen sie auch das Italien der Reichen vom Veneto nach Piemont rechnen, getrieben. Erst recht in den gut dreißig albanischen Dörfern Kalabriens finden sich kaum junge Leute. Diese Regionen gehören den Alten, die ihre kargen Pensionen zu Hause verzehren möchten, in den abgelegenen Dörfern im Gebirge, in die sie aus den großen Städten zurückgekehrt sind, sie haben in Toronto oder Zürich geschuftet, jetzt genügen ihnen die zehn Straßen, die von lauter kosmopolitischen Großstädtern wie ihnen, von lauter albanischen Dörflern wie ihnen bewohnt werden.

Der Mann mit dem Oberlippenbart nach Art der Dreißigerjahre bestellte noch immer nichts für sich, obwohl ich ihn dazu wiederholt eingeladen hatte. All die Tage meiner kalabresischen Reise wunderte ich mich, wie die Besitzer der kleinen Bar-Cafés überleben konnten. Auch wenn ich sie einmal nicht menschenverlassen vorfand, sondern ein dichter Pulk von Männern um die Tischchen war, sah ich doch nur selten jemanden etwas konsumieren. Als wären die Cafés kommunal geführte Begegnungsstätten der Senioren, saßen die Leute stundenlang an den Tischen und sahen dem Rauch ihrer Zigaretten zu, wie er sich in den mit Salbei, Rosmarin, Minze gut gewürzten Tag verflüchtigte, oder sie standen, wenn es regnete, im Café, einen halben Schritt vor der Theke, hinter der geduldig der Besitzer wartete, den Espresso, der nur höchst selten bestellt wurde, zuzubereiten. Der alte Mann hatte schon eine ganze Weile mit einem anderen Alten gestritten, bevor er sein Wort an mich richtete. Er war schmal und verriet, vom Bärtchen bis zum leicht verschossenen Stoff des Anzugs, einen gewissen Hang zur Eleganz, und wiewohl er Tischler gewesen war, würde man ihm doch in alten Filmen stets in der Rolle des Friseurs begegnet sein. Sein Widerpart war schwer, wuchtig, hatte dicke Brillengläser, eine wurstartige rote Knollennase, deren Entzündung vermutlich schon ein paar Jahrzehnte vor sich hinfraß, und eine gut gelaunte Beharrlichkeit, die sich durch keinen verärgerten Zwischenruf des anderen irritieren ließ.

Der Tischler war neunzehn Jahre lang in Brasilien gewesen, im Staate Saõ Paulo, der andere noch ein paar Jahre länger in Turin, bei den Autos beschäftigt, wie er sagte. Nun stritten sie darüber, welche Stadt größer war, Saõ Paulo oder Turin, und, da sie sich nicht einigen mochten, darüber, wo es schwerer war zu leben, und als sie auch hier nicht einig wurden, ging der eine, der elegante Tischler, bereits schreiend zur Frage über, welche Stadt wohl weiter von hier entfernt wäre, Saõ Paulo oder Turin, doch selbst da beharrte der gutmütige, knollennasige Klotz mit der allergrößten Sanftmut darauf, dass Turin nicht nur größer war als Saõ Paulo, sondern selbstverständlich auch noch weiter weg, ganz abgesehen davon, dass es in Turin viel schlechter zu leben war als in Brasilien.

Diesen Streit, in dem zwei Greise eifersüchtig darüber wachten, wer von ihnen das schwerere Leben hinter sich gebracht hatte, sollte nun ich, ein Mann, der gerade aus der Welt eingetroffen war und darum wissen musste, wie es mit ihr stand, entscheiden. In den folgenden Tagen hatte ich noch oft Gelegenheit zu beobachten, wie diese alten Leute, die Tausende Kilometer von hier gearbeitet hatten, sich über die geografisch messbaren Tatsachen von Entfernung und Größenverhältnissen kurios im Unklaren waren. Oder richtiger: Ihr Sinn für Distanzen war anders geschärft und ließ sie diese daher nicht nach dem Maßstab, der dem Atlas zugrunde liegt, erleben und schätzen. Wie weit immer sie herumgekommen waren, es war stets die Fremde für sie gewesen. Schon Neapel war furchtbar weit weg, und dauernd verlor man Angehörige, die sich anderswo durchbringen mussten, an diese Fremde, die schon bei Cosenza anfing und die, wenn sie sich noch ein paar Hundert Kilometer weiter erstreckte, doch bedrohlicher gar nicht mehr werden konnte. Ja, eigentlich waren sie nur hier daheim, in Civita, auf diesem Platz, und in Wahrheit nicht einmal hier, denn sie alle kamen ja von drüben, aus Albanien, wo ihre namenlosen Ahnen einst friedlich gelebt hatten, bis sie vertrieben und vom Sturm der Geschichte hierhergeweht wurden. Das Trauma der Flucht, wiewohl es nur recht und billig wäre, wenn es sich über die fünfhundert Jahre, die seither vergangen sind, verflüchtigt hätte, ist tatsächlich in den Albanesi noch gegenwärtig, mit innigem Schmerz hängen sie an dem Trauma, das sie in kollektiven Riten der Trauer wachzuhalten suchen. Weniger die verlorene Heimat, die keiner von ihnen je gesehen hat, sondern den Verlust dieser Heimat, die grausame Vertreibung beschwören sie in den Liedern, die sie singen, in der Messe, die sie sonntags feiern, in den Bräuchen und Volksfesten, ja mit den Namen, die sie ihren Straßen und Plätzen geben.

Ich konnte mich zwischen Turin und Saõ Paulo nicht entscheiden, und darum rettete ich mich in das Einbekenntnis, weder da noch dort gewesen zu sein, sondern aus Österreich zu stammen und durch Süditalien zu fahren, um die Kultur der Arbëreshe zu studieren. Die zwei Streitenden stutzten, vergaßen ihr Zerwürfnis und sahen mich beide mit einem Blick an, in dem gleich viel Mitleid wie Sympathie war. Da musste einer in Österreich leben, so weit weg von hier, und hatte es weder bis Turin noch

São Paulo gebracht! Aber immerhin war dieser Arme kein schlechter Kerl, denn er hatte einen weiten Weg auf sich genommen, um die Arbëreshe zu besuchen, von denen schon die meisten Italiener nicht viel wussten, und er hatte seine Reise gleich hier, in Civita, begonnen, dort, wo man sie rechtens zu beginnen hat.

2

Neben vielen Scheußlichkeiten und Verbrechen verzeichnet die Chronik des Jahres 1468 in Neapel auch ein Ereignis plebejischer Großmut. Wie heute, über ein halbes Jahrtausend später, waren auch damals auf dem Mittelmeer die Schiffe der Albaner unterwegs, die sich aus dem Krieg und Elend zu Hause in friedlichere Regionen retten wollten. 1468 war ihr legendärer Feldherr und Nationalheld Gjergj Kastriota, genannt Skanderbeg, unbesiegt im Kampf gegen die Osmanen gestorben. Und über die tief ins Land schneidenden Täler, die schwer erreichbaren Weiler im Gebirge und die spärlichen Ansiedelungen der Küste fiel nun die bunt gemischte Soldateska der osmanischen Militärmaschinerie her – das Entsetzen, das ihr vorauseilte, war groß, die Spur der Verwüstung, die sie zog, wuchs über Generationen nicht zu. Für Jahrhunderte war der Traum von einem Albanien, in dem die Albaner nach eigenem Herkommen und gemäß eigenem Gesetz leben mochten, ausgeträumt.

In der tiefen Hoffnungslosigkeit ihrer Niederlage machten sich Tausende auf die gefährliche Fahrt übers Meer, und wie heute wurde es ihnen auch damals vielenorts verwehrt, im rettenden Hafen anzulegen. In Neapel aber erzwang das jubelnde Volk, das sich in den geschlagenen, ihr Glück in der Auswanderung suchenden Albanern selbst erkannte, dass diesen der Hafen geöffnet werde und sie Land nehmen durften. Den Flüchtlingen wurde der Weg zu den durch Krieg, Pest, Erdbeben entvölkerten Landstrichen des Südens gewiesen. Auch die feudalen Herren entdeckten bald, dass die Flüchtlinge in ihrer Armut und ihrem Wunsch, dieser durch harte Arbeit zu entrinnen, eine segensreiche, kolonisierende Kraft zu entfalten vermochten. Und so wurden sie, mit amtlicher Genehmigung, ja alsbald schon mit Privilegien des Königs beider Sizilien versehen, nach Apulien, Kalabrien, in die Basilicata und nach Sizilien geschickt, um unfruchtbare Gebiete in ihren Besitz zu nehmen, verwüstete Wälder aufzuforsten, zerstörte Städte wieder bewohnbar zu machen. Sieben Wellen, die im Verlaufe von zwei Jahrhunderten immer neue Sippen, ja ganze Ortschaften an die italienischen Küsten spülten, hat die Siedlungsforschung ausgemacht, bis schließlich wohl eine halbe Million Albaner in Italien ansässig war.

Diese Albaner haben sich in den ausgetrockneten Boden verbissen und sind geblieben, und heute noch fühlen sich viele ihrer Nachfahren nicht nur als Italiener unter Italienern, die sie geworden, sondern auch als Albaner, die sie fern einer ins Mythische entrückten Heimat geblieben sind. Im Gegensatz zu den Shkipetaren, wie die in Albanien lebenden Albaner heißen, nennen sie selbst sich Arbëreshe, zur Erinnerung an das Gebiet, dem die ersten Auswanderer entstammten, die sich mit nichts »als Hemd und Heldenliedern« aus der sicheren Unfreiheit in eine ungewisse Freiheit aufgemacht hatten. Zuweilen werden sie auch Albanesi genannt, oder Greci, also Griechen, von denen es in Süditalien eine alte Kolonie gibt, der sie manches Mal wegen des griechisch-orthodoxen Ritus, in dem sie das Christentum pflegen, zugeordnet wurden; Schiavoni und Epiroti sind weitere Namen der Volksgruppe, die in den Büchern auch als Italo-Albanesi oder Italo-Greci firmiert, was ihren starken italienischen Patriotismus betont.

In allen italienischen Freiheitsbewegungen fochten tatkräftig auch die Arbëreshe, was Garibaldi den »heroi albanesi« in einem berühmten Dekret und mit einer Stiftung dankte, die es ihnen erleichtern sollte, Schulen zu gründen, in denen ihre Kinder nicht nur die italienische Staats-, sondern auch die albanische Muttersprache in Wort und Schrift erlernen konnten. In der ersten national-italienischen Regierung Garibaldis amtierten zwei albanische Minister, einer davon war der hoch angesehene Francesco Crispi, der später Ministerpräsident wurde und über dessen albanische Herkunft noch Antonio Gramsci in seinen Gefängnis-Tagebüchern grübelte. In fast jedem Dorf der Arbëreshe, durch das ich kam, stieß ich auf zwei abstoßende Denkmäler, die sich an martialischer, in Erz gegossener Gewalt nichts schuldig zu bleiben trachteten. Das eine zeigte das greifvogelartige Antlitz Skanderbegs, der die Türken zwanzig Mal geschlagen hatte und endlich doch eines natürlichen Todes starb, ein Monument albanischer Unbeugsamkeit. Das zweite war den Soldaten beider Weltkriege gewidmet, die den italienischen Waffenruhm bis nach Afrika getragen hatten, und ließe sich so roh in seiner naiven Verklärung von Krieg und Untergang heute nur mehr in wenigen Ländern Europas aufstellen.

Die Arbëreshe wollten immer doppelte Patrioten sein, albanische, die niemals vergessen, wo die Muttererde liegt, und italienische, die sich dem neuen Vaterland aufzuopfern bereit waren. Als Albaner wie als Italiener trachteten sie, den Nationen, denen sie sich zugehörig wussten, ein Vorbild an treuer Ergebenheit zu sein. Doppelte Patrioten, waren sie doch oft nur doppelte Fremde. Alle, mit denen ich sprach, wussten das auch, und doch waren nur wenige bereit, den aberwitzigen Kult um Skanderbeg, um Siege und Niederlagen, die über fünfhundertfünfzig Jahre zurückliegen, kritisch zu bewerten oder ein paar Bedenken darauf zu verschwenden, dass die heroischen albanischen Kämpfer, die das Kriegerdenkmal pries, sich immerhin in den Reihen einer faschistischen Armee befanden, die gerade dabei war, in Abessinien einen Völkermord zu verüben.

3

»Nicht als die besseren, sondern als die wahren Albaner fühlen wir uns«, sagte Emanuele Pisarra sachlich und freundlich. Wir hatten uns im Museo Etnico Arbëresh, das er in Civita leitete, vereinbart. Er wartete schon vor der Tür des zweigeschossigen, liebevoll gepflegten und akkurat geordneten Museums auf uns, ein mittelgroßer, bärtiger Mann, dem man ansah, dass er sowohl am Wandern als auch am guten Essen seine Freude hatte, und der sich sichtlich vergnügt an die Besucher wandte. Als Intellektueller wirkte er volksverbunden weniger aus ideologischer Überzeugung denn aus Neigung zu vielen Dingen, die den plebejischen

Alltag Süditaliens bestimmten, von den Liedern, die noch immer in der Küche und bei der Arbeit gesungen wurden, zu den kräftigen Speisen der Region, über deren Herkunft und Zubereitung er gleich erzählte, von der Weigerung, das soziale Leben mit industriellem Arbeitstempo anzugehen, bis zur Freude an den lokalen Festen, Feiern, Riten … Emanuele Pisarra zeigte sich als freundlicher, lebensfroher Mann, nur wenn er auf die Albaner zu sprechen kam, die in den letzten Jahren als Flüchtlinge und illegale Einwanderer nach Italien geraten waren, zuckte ein verächtlicher Zug in seinem rundlichen Gesicht. Die Albaner aus dem Mutterland, für »operatore culturale« wie ihn wären sie die größte Enttäuschung gewesen! Der Stalinismus hatte aus den stolzen Shkipetaren unwürdige Egoisten gemacht, die, ohne Respekt vor den Traditionen, ohne Kenntnis der alten Sitten, sich selber gering schätzend, nichts wollten, als möglichst schnell zu Geld zu kommen, gleich wo und auf welche Weise.

Nein, in diesen Albanern, die nur den Fernseher und das Auto im Kopf hatten, sich oft genug von Verbrechersyndikaten anwerben ließen, weder religiöse noch soziale Gebote achteten, nicht an die große Gemeinschaft, nur die eigene Familie dachten, konnten sich seine Arbëreshe nicht wiedererkennen. Was will man verlangen, sagte Emanuele mit resignativer Gebärde, diese Leute sind einfach zu lange geknechtet worden! Die Albaner, die im Lande blieben, als die Arbëreshe auswanderten, gerieten für Jahrhunderte unter das osmanische Joch, sie verrieten die Religion, die Pisarra nicht deswegen teuer schien, weil sie die christliche, sondern die der Väter und Vorväter war, und wurden Muslime. Pisarra pflegte keine Vorurteile gegenüber dem Islam, aber gegen Leute, die unter Zwang Muselmanen wurden, insbesondere, wenn sie Albaner, also dazu bestimmt waren, sich keiner Obrigkeit zu beugen und zäh an dem festzuhalten, was bei ihnen alter Brauch war. So gründlich, wie die Osmanen ihnen den Islam beibrachten, so gründlich trieben die Stalinisten um Enver Hoxha ihnen die Religion wieder aus. Aber auch das schien Pisarra zu stören, denn hatte man sich schon über vierhundert Jahre an eine Religion gewöhnt, brauchte man sich diese in fünfzig Jahren neuer Gewaltherrschaft nicht gleich wieder nehmen zu lassen.

Als 1991 die ersten albanischen Elendsschiffe in Apulien landeten, war Pisarra einer der Ersten gewesen, die unter den Gestrandeten Kulturarbeit zu leisten versuchten, Schulungen, Bildungskurse anboten, die Geschichte der albanischen Volksgruppe in Italien vermitteln wollten, aber sie alle hätten bald erkennen müssen, dass das aussichtslos war. Diese Flüchtlinge wollten gar nicht ausgebildet und unterrichtet, höchstens informiert werden, wie man im Kapitalismus am schnellsten reich wurde. Auch die Integration in die Volksgruppe der Italo-Albaner war nicht ihr Ziel, vielmehr strebten sie nach dem Norden, wo sie den Reichtum zu Hause wähnten.

Die Flüchtlinge sprachen auch nicht jenes schöne Albanisch, das die Arbëreshe seit so vielen Generationen wider den Zwang und die Lockungen der Assimilation zu behaupten wussten, eine frühe Form des Toskischen, welches die eine der zwei Hauptgruppen des Albanischen darstellt. Die Sprache im Mutterland hatte sich seither drastisch verändert, nicht zum Besseren, wie man feststellen musste. »Sie haben eine andere Religion, eine andere Sprache, andere Werte, sie sind anders« – wie Pisarra das an seinem über und über bedeckten Tisch im Museum sagte, klang es traurig nach Endgültigkeit.

Im Stapel mit Manuskripten suchte er die letzte Ausgabe der von ihm herausgegebenen Zeitschrift »Katundi Ynë«, was so viel wie »Nostro Paese«, unser Land, bedeutet. Nein, die neu ins Land gekommenen Albaner gehörten nicht zu »nostro paese«. Ein paar wurden bei Bauern untergebracht, gewiss, dort, wo Güter der Arbëreshe brachlagen oder kaum mehr bewirtschaftet werden konnten, weil Familien ausgestorben waren oder sich in die Emigration zerstreut hatten, aber das waren Ausnahmen. »Es ist nicht so, dass wir uns ihrer als Hungerleider schämen«, korrigierte Pisarra eine Frage von mir, die die Antwort, die ich erwartete, schon enthalten hatte, »aber wir können ihnen nicht geben, was sie begehren, und sie können umgekehrt uns nicht geben, was wir benötigen.« Die von drüben wollten nichts als materielle Güter, und die Arbëreshe hier, die verlorenen Kinder Skanderbegs, hätten sich bitterlich nach Zuspruch und Kraft von Menschen aus dem Mutterland gesehnt; von Menschen, die nicht über Jahrhunderte auf einer kleinen Sprachinsel hatten überleben müssen, umbrandet von einer Mehrheit, die sich die Minderheit stets einzuverleiben trachtet, sondern die als Albaner unter Albanern gelebt hatten, mit eigenen Universitäten und Theatern, mit Radio- und Fernsehstationen, in einem Land, in dem ihre Mutter- und die Staatssprache identisch waren.

Alle Illusionen von der einen großen albanischen Kultur, die die Arbëreshe im Süden Italiens, die Arveniten in Griechenland, das Kosovo, den Staat Albanien selbst und die über alle Erdteile zerstreute albanische Diaspora umfasst, wurden zunichte, kaum dass das so lange unerreichbare Mutterland wieder zugänglich war und der Staat Albanien nach Jahrzehnten der stalinistischen Diktatur seine Grenzen öffnete. Albanische Kultur? »Näher als die Albaner aus Tirana stehen uns die Arveniten in Griechenland«, sagte Pisarra; die Arveniten waren zur gleichen Zeit wie die Arbëreshe ausgewandert, aber eben nicht übers Meer nach Italien, sondern südwärts nach Griechenland, wo sie heute noch einige historische Gemeinden bewohnten und sich dort über die albanischen Schwarzarbeiter so ärgerten, wie es die Arbëreshe in Italien taten. Die Enttäuschung, die die Arbëreshe erlebten, als sie in den Neunzigerjahren mit den albanischen Emigranten konfrontiert wurden, hat sie ganz auf die eigene Volksgruppe zurückgeworfen. Auch Emanuele Pisarra, der sich politisch der italienischen Linken zurechnete und nicht ohne Stolz sagte, dass die Arbëreshe mehrheitlich immer links gewählt hätten, hat sich längst einem gemütvollen Regionalismus verschrieben. Seine Lebensaufgabe sah er nun außer in dem Museum und der Zeitschrift, mit der er dreitausend Leser erreichte, im Nationalpark Pollino, für dessen Errichtung er politisch gearbeitet, den er sich vollständig erwandert und über dessen Natur- und Kulturgeschichte er das erste Buch geschrieben hatte.

Als wir vor das Museum traten, war die Dämmerung schon hereingebrochen. Über den Häusern Civitas war der scharfe Umriss des Pollino zu erkennen, einer Kette von Gebirgen, die sich bis zu einer Höhe von zweitausend Metern erheben, von wälderreichen Hochebenen, tief ins Land gekerbten Schluchten, von Grotten und Höhlen,

Seen und Sturzbächen. Reich an Pflanzen, die nur hier wachsen, an Tieren, die anderswo ausgestorben sind, an Dörfern, die nicht an der Straße liegen, sondern im Talschluss glücklich vergessen wurden, ist das Gebiet des Pollino 1993 zum italienischen Nationalpark erklärt worden, mit knapp zweihunderttausend Hektar zum größten der zwölf Nationalparks des Landes. In seinem Gebiet findet sich auch manche Comunità albanese, darunter das imposante Civita, das idyllische San Paolo Albanese, das historisch so bedeutsame Lungro.

4

Der Weg nach Lungro war lang und beschwerlich. Er führte über endlose Kurven den Berg hinauf, den Berg hinunter, die Hügel waren nur spärlich bewaldet, die Wiesen landwirtschaftlich, wenn überhaupt, einzig für die Zeilen der Olivenbäume genutzt. Unter dem Gras und den Büschen schaute die rote Erde heraus, die an überhängenden Stellen bei längerem Regen ins Rutschen geraten würde. Überall fanden sich, auf freier Strecke, mitten im Naturschutzgebiet, kleinere und größere Mülldeponien, auf denen Autos, Kühlschränke, Ölfässer seit Jahrzehnten vor sich hinrosteten oder Unrat, fest verschnürt in Plastiksäcken, ebenso lange nicht verwittern konnte. Wir hatten den landschaftlich schöneren und besser gehüteten Teil des Nationalparks, der sich nach Norden, von Kalabrien in die Basilicata streckt, verlassen und fuhren einer wenig malerischen Einöde entgegen. Das überraschte uns, denn Lungro galt, seit es 1919 vom Papst Benedikt XV. zur Eparchia, zur Diözese, erhoben und mit einem eigenen »Albaner-Bischof« versehen wurde, als spirituelles Zentrum der Albaner Süditaliens. Dieser Bischofssitz hoch im Gebirge war auch heute nicht leicht zu erreichen und musste damals, 1919, den Gläubigen, die ihren Bischof besuchen wollten, eine längere Wallfahrt abverlangt haben.

Dass jeder, der über die albanische Kultur etwas erfahren möchte, unbedingt Lungro besuchen musste und am besten auf dem Weg dorthin in den albanischen Gemeinden San Basile, Firmo, Acquaformosa Rast einlegen sollte, hatte mir ein eleganter älterer Herr empfohlen, auf den ich in der Dunkelheit vor der Kirche von Civita gestoßen war. Ein schlanker Mann von einigen sechzig Jahren, die Lesebrille lässig in den grauen Haarschopf hochgeschoben, den Anzug aus feinem dunkelblauen Tuch geschneidert, war er eben dabei gewesen, die Kirche, seine Chiesa S. Maria Assunta, zuzusperren. Hochwürden Antonio Trupo würde man, wenn man ihn nicht gerade bei dieser Tätigkeit anträfe, kaum für einen Pfarrer, eher für einen Rechtsanwalt oder Steuerberater halten, der seine letzten Jahre vor der Pensionierung gemessenen Schrittes und mit milder Ironie angeht. Als er die Kirche, noch bevor ich ihn hätte bitten können, wieder aufgesperrt und mich ins Innere geführt hatte, wies er mich gleich darauf hin, dass hier baulich zwei Gegensätze aufgehoben und liturgisch zwei verschiedenartige Traditionen vereint worden seien. Der dreischiffige Kirchenraum war nicht anders, als man es vom katholischen Barock nördlich der Alpen gewohnt ist, aber dort, wo es zum Altar ging, stand eine große Holzwand, die vollständig mit Ikonen vor einem prächtigen goldglänzenden Hintergrund bemalt war. Vor dieser Wand, der Ikonostase, steht während der Messe der Geistliche, der bei den Arbëreshe weder katholischer Priester noch orthodoxer Pope ist, und hält die gesamte Messe singend, bis er durch eine der drei Türen in der Ikonostase zu dem dahinter verborgenen Altar tritt, wo er die Verwandlung von Brot und Wein vornimmt.

Don Trupo erklärte mir geduldig, warum die Arbëreshe einen Sonderfall in der katholischen Kirchengeschichte darstellten. Als die Albaner im 15. und 16. Jahrhundert nach Italien kamen, hatten sie den ganzen Reichtum an byzantinischen Formen, der ihrem Christentum im Laufe der Jahrhunderte am Balkan zugewachsen war, ins immerwährende Exil mitgenommen. Die katholische Obrigkeit respektierte diese Traditionen von Anfang an, zuweilen unwillig, doch zuverlässig, und als Letzter bestätigte immerhin der ansonsten so strenge Papst Paul VI. formell die alten Sonderrechte. So ist es gekommen, dass die Arbëreshe Katholiken sind, die ihre Messe nach griechisch-orthodoxem Ritus feiern, dass sie katholische Pfarrer haben, die verheiratet sind und doch den Papst als ihr Oberhaupt anerkennen, und dass bei der Kommunion nicht die Hostie, sondern Brot gereicht wird. Die Besonderheiten im orthodoxen Ritus wie auch die, dass Pfarrer, nicht aber Bischöfe heiraten dürfen, wurden schon im Jahr 325 nach Christus auf dem Konzil von Nicea festgelegt. Die byzantinische Pracht, mit der sie die Messe, ihre Hochzeiten, das Osterfest feiern und die Begräbnisse begehen, war für die Arbëreshe stets etwas Unverzichtbares. Eher hätten sie dem Papst die Treue aufgekündigt, als diesen Traditionen abzuschwören und auf das vertraute, aus der verlorenen Heimat mitgebrachte Ritual zu verzichten.

In der griechisch-orthodoxen Form ihres Katholizismus sehen die Arbëreshe auch heute noch ihre Identität bewahrt, sodass selbst jene, die das Gotteshaus nur höchst selten besuchen, von der Schönheit der Messen schwärmen und die Bedeutung, die die Religion für das Volksleben, für das kulturelle Überleben hat, emphatisch betonen. Dem Vatikan wiederum war es lieber, den Albanern ein paar Privilegien zu gewähren, als sich im Süden Italiens ein Bollwerk der Orthodoxie oder gar ein paar von der heiligen römisch-katholischen Kirche abgefallene Ketzergemeinden zu schaffen. Darum haben die Päpste unsere Rechte immer wieder bestätigt, sogar der jetzige, sagte Don Antonio mit einem Lächeln, in dem nur eine Andeutung von Hochmut und Ironie blitzte: »Sogar der jetzige Papst, der die verheirateten Priester nicht so liebt, nein, dass er sie nicht liebt, kann man gar nicht sagen, denn er liebt alle, wirklich alle! Sogar Papst Johannes Paul II., der den Wunsch der Priester, sich zu verheiraten, nicht so recht verstehen kann, verwehrt es uns nicht!«

Ich stand mit dem Pfarrer in der dunklen Kirche, deren Kühle der überwältigend süße Duft des Weihrauchs durchdrang, und wurde darüber aufgeklärt, dass die heilige Messe nicht nur in Civita dreisprachig abgehalten werde. Je nachdem, wie weit er mit der Messe vorangekommen war, verwendete Don Antonio das Griechische für die ewig gleichen zeremoniellen Passagen, das Albanische, wenn er sich dem Volk mit Belehrung und Ermahnung zuwandte, und das Italienische, sofern er unter den gezählten Kirchgängern Angehörige der im Ort ja auch vorhandenen italienischen Volksgruppe erblickte.

Er hatte, als er das Gotteshaus zusperren wollte, gerade

Samstagnachmittag, Civita/Çifti

die Kerzen von der Abendmesse gelöscht. Er beschwerte sich nicht, aber gestand ohne Umschweif, dass wieder fast nur alte Frauen in der Kirche gewesen waren. Ich hatte das Gefühl, dass er darin nicht nur ein religiöses Problem sah, sondern sich so sehr wie um das Seelenheil seiner Leute auch um ihr Albanertum sorgte. Wie werden die Arbëreshe Arbëreshe bleiben können, wenn sie nicht mehr in die Kirche gehen? Die Sprache, zäh über so viele Generationen bewahrt, war das eine, was sie zu dem machte, was sie waren. Der orthodoxe Ritus, eingebettet in den katholischen Glauben, war das andere. Wie bei den Sorben im Osten Deutschlands traf ich auch bei den Albanern im Süden Italiens Leute, die selber kaum mehr religiös waren, mich aber wortreich zu überzeugen suchten, dass der Glaube, der Kirchgang, die Teilhabe am religiösen Gemeindeleben für ihre Volksgruppe überlebenswichtig seien.

Über der Kirche S. Maria Assunta kreisten jetzt schwarz ein paar große Vögel, deren Namen ich nicht verstand, wiewohl Hochwürden ihn mir zwei Mal wiederholte, und aus der Tiefe rauschte mächtig der Roganello. Der Hauptplatz hatte sich noch immer nicht geleert, doch die freundlichen alten Männer standen nahezu stumm beisammen, auch an den Tischen der Kartenspieler war kein Gelächter mehr zu hören, sondern nur gelegentlich ein lautes Klatschen, wenn einer, der am Siegen war, die Karten mit kräftigem Schlag auf den Tisch zählte. Der Priester, der aussah wie ein großstädtischer Bürger und für eine Handvoll alter Frauen die Messe las, hatte die Kirche jetzt endgültig abgesperrt, nicht ohne mich zum Abschied an Lungro zu erinnern. Wie er ins Dunkel enteilte, war um ihn die leuchtende Aura von Vergeblichkeit und Entsagung.

Auf Geheiß des Pfarrers waren wir von der Straße nach
Lungro abgezweigt, als der Pfeiler den Berg hinauf nach
San Basile wies. Es war ein trüber Mittag, und die dichten
Wolken, in denen schon seit der Früh der Regen hing, hatten den Tag grau gemacht. Shën Vasili, wie die albanischen
Einwohner ihren Ort nannten, schien wie geschaffen für
dieses Licht, denn die Altstadt bröckelte in unrettbarem
Verfall, während die neuen Siedlungen, die um sie gewachsen waren, hässlich, lieblos, billig wirkten. Der Verfall
hatte hier nichts Pittoreskes, sondern war trostloses Wit-
tern, Faulen, Verblassen. Die alte Stadt, nach albanischer
Art heftig in den Fels gekrallt, war nahezu farblos, gerade
dass man da und dort an einem Mauerstück noch die aus-
gewaschenen Reste eines Blau ausmachen konnte, das einst
geleuchtet haben musste, sonst drängten sich die Häuser
grau, schwarzmoosig, düsterfeucht aneinander. Kein einziges Geschäft konnte ich im Gewirr der krummen Gassen und Treppen entdecken, keinen Handwerksbetrieb,
kein Café. Doch verrieten die Blumen auf den Fenster-
bänken, dass die meisten Häuser, auch die längst ins letale
Stadium des Verfalls übergegangen waren, noch bewohnt
wurden. Während die historischen Stadtzentren in den In-
dustrieländern oft von Banken, Versicherungen, von teu-
ren Boutiquen aufgekauft werden, bis kaum jemand mehr
dort wohnt, war es hier gerade umgekehrt: Hier arbeitete
niemand, hier wurden keine Dienstleistungen angeboten,
hier war kein Amt, keine Behörde untergebracht, hier war
tagsüber überhaupt niemand. Erst abends, nach Arbeit

und Schule, kehrten die, die sich keine Unterkunft im Freien, Hellen leisten konnten, in die Gruft zum Schlafen zurück. In dieser Stadt, die keinen der Vorzüge aufzuweisen schien, die eine Stadt gemeinhin hat, und keinen der Vorzüge, die das Leben auf dem Land verheißt, ausgerechnet in diesem gottverdammten Nest hatte sich die albanische Bevölkerung stärker zu behaupten gewusst als in all den schöneren Orten, in denen sie mittlerweile von den Italienern majorisiert wird. Im düsteren San Basile lebte der albanische Dichter Mario Bellizzi, der eine monumentale Chronik seiner Stadt und viele Gedichte veröffentlichte, die die Verzweiflung von Shën Vasili zum Thema haben:

»Heut Abend
schlief ich in der Nachbarschaft
wo nur Greisinnen geblieben sind
und Tauben auf gespaltenen Ziegeln.«

Heruntergekommen zu äußerster Baufälligkeit war die Innenstadt auch im benachbarten Firmo, wo die schiefen Gassen des Verfalls mit den prächtigsten Namen renommierten, mit Petrarca, Michelangelo, Raffaello, Ugo Foscolo … So düster waren diese Orte, die uns doch als stolze, sichere Bastionen des Albanertums in Kalabrien geschildert worden waren, dass wir geradezu erleichtert die Kulisse von Lungro vor uns auftauchen sahen. Auf halber Höhe des majestätischen Monte Petrosa hatte in der Antike das castrum Lungrum den Angreifern getrotzt. Als die ersten Familien der Arbëreshe hier Ende des 16. Jahrhunderts eintrafen, war das Lager verwüstet, der dazugehörige Ort verlassen gewesen. Die albanischen

Einwanderer gründeten nur wenige Dörfer; zumeist ließen sie sich in aufgegebenen Ortschaften nieder, wo sie nach und nach auf den Trümmern und mit den Trümmern der alten ihre eigenen Gemeinden errichteten.

Keine andere Stadt der Region hatte eine so großzügige Einfahrt wie Lungro mit seinem Corso Skanderbeg, der, frisch gepflastert, mit modischen Geschäften, Café-Bars, die auch tatsächlich geöffnet hatten, und Gruppen von Jugendlichen prahlte, die auf den Schulbus warteten. Da ich mich vor dem Denkmal Skanderbegs aufhielt, das auch hier düster im Zentrum thronte, traten diese sogleich lärmend zu mir und suchten mir zu erklären, wer der finstere Mann war, dessen Standbild ich freilich schon so oft begegnet war.

Die Präsenz Skanderbegs im Bild der albanischen Städte und im kollektiven Gedächtnis des Volkes ist verblüffend und, recht besehen, erschütternd. Ausnahmslos in jedem der rund dreißig Dörfer, die ich besuchte, waren Hauptstraße wie Hauptplatz nach ihm benannt, der zudem überall als standardisierte Porträtbüste präsentiert war, die ihn in der grausamen Miene des Söldners zeigte. Gjergj Kastriota war als Christ aufgewachsen, hatte sich dann zum Islam bekehrt und als »Sultans Liebling«, wie er bezeichnet wurde, in Asien und Europa für Murad II. als schrecklicher, für unbesiegbar geltender Heerführer gewütet. Später setzte er sich vom Sultan ab und bekämpfte dessen Heere zwanzig Jahre lang. In überraschend begonnenen Gefechten, mit Überfällen vom Hochgebirge herab, mit List und Tücke fügte er ihnen stetig schwere Verluste zu, bis er in die Legende entschwand, ein Erzengel der Rache, der irgendwann wiederkehren wird, die Feinde in die Knie zu zwingen und die Albaner aus aller Welt in die Heimat zurückzurufen.

Seine historische Gestalt ist rätselhaft und durchaus widersprüchlich. Dass die Albaner ihn als Nationalhelden verehren, ist, so verständlich es sein mag, einem grundsätzlichen Missverständnis geschuldet. Denn natürlich war Skanderbeg im 15. Jahrhundert kein zu früh gekommener Bismarck der Skipetaren, der die unter vielerlei Herrschaft geduckte Nation zu einen suchte. Einen Begriff der »Nation«, eine Zwangsvorstellung vom »Nationalstaat«, in dem nur die Angehörigen ein und derselben, als Nation identifizierten Sprachgruppe leben sollten, konnte er in seiner Zeit noch gar nicht entwickelt haben. Das sind schöne und weniger schöne Ideen der politischen Romantik, wie sie im 18. Jahrhundert zu blühen begann, keine Gedanken, die vor der Wende zur Neuzeit gedacht hätten werden können. 1443 wechselte der fähigste Heerführer des Sultans die Seite, widerrief seinen Übertritt zum Islam, ließ sich neuerdings taufen und begann seinen Krieg gegen das Osmanische Reich mit einer grausamen Finte. Er verschaffte sich mit gefälschten Papieren des Sultans Zutritt in die Festungsstadt Kruja, wo er unter Mithilfe der albanischen Einwohner alle Türken massakrierte, mit Ausnahme derer, die sich zum Christentum bekehren ließen. Die Päpste huldigten ihm seither als einem »unerschrockenen Kämpfer des Wahren Glaubens«, wie es bei Papst Nikolaus V. hieß, und in ganz Europa wurde er zur populären, in Opern, Dramen, auf Bilderzyklen verklärten Gestalt: Skanderbeg, Retter des Abendlands. Bei den Arbëreshe rangierte er in der Rangordnung der Heiligen seit seinem Tod nur knapp hinter Jesus Christus, und so wie der Sohn Gottes schien auch er ihnen nicht ganz von dieser Welt zu sein. Bald schon sagte die Legende, er wäre gar nicht gestorben, sondern plane, ein unsterblicher Partisan der Berge, den vernichtenden Schlag gegen alle Feinde Albaniens. Noch in den Romanen Ismail Kadarés geistert Skanderbeg, da ihm das Elend seines Volkes die ewige Ruhe nimmt, über die Berge, bis sein Werk endlich von einem anderen, einem wiedergeborenen Skanderbeg vollendet wird. Die Züge des feudalen Fürsten ohne Land verschmilzt der Autor mit jenen des Begründers des kommunistischen Albanien, Enver Hoxha, sodass am Ende der vermeintliche Retter des Abendlandes sich im stalinistischen Diktator spiegelt.

Die eifrigen Gymnasiasten aus Lungro ließen sich wortreich über das Denkmal zu ihren Häuptern aus. Skanderbegs Blick, ungerührt in die Ferne des Bischofspalastes gerichtet, verriet eher den Selbstherrscher als den gütigen Patriarchen, doch den Jugendlichen war er ohnehin etwas anderes: ein Held der Geschichte, der mit dieser fast nichts zu tun hat, halb synthetische Figur der Kulturindustrie, halb Heros der nationalen Mythologie, Conan der Barbar, dem Kino entsprungen, Vater aller Albaner, von dem die Märchen der Großeltern erzählen.

6

Alles an ihm war braun. Das Gesicht. Die Augen. Die Haare. Sogar die Glatze. Ja, eine braune Glatze. Der Anzug. Der Pullover darunter. Die Schuhe. Sogar das Schwarz der Fingernägel war bei ihm braun. In San Martino di Finita, einer der weiter im Süden, außerhalb des Nationalparks gelegenen albanischen Gemeinden, war er mir beim Kriegerdenkmal über den Weg gelaufen. Mitten im Ort war ein traktorgroßer Granatwerfer aus dem Zweiten Weltkrieg aufgestellt, auf dem ein lebensgroßer Soldat aus Erz zum Sprung auf den imaginären Feind ansetzte. Der Braune versicherte, selbstverständlich Albaner zu sein. Das Albanische konnte er aber nur sprechen, nicht schreiben, und obwohl er jetzt viel Zeit hätte, weil er vor drei Jahren pensioniert worden war, wollte er das Schreiben nicht mehr erlernen. Über der Vorstellung, im Alter noch einmal die Schulbank zu drücken, brach er in ein lang anhaltendes, bräunliches Kichern aus. Wir zwei wussten nicht viel miteinander zu reden, aber auch die meisten Leute von hier, wenn sie zusammenstanden, sprachen nur wenig miteinander, und so blieb der Braune einfach an meiner Seite, als ich durch den Ort zu ziehen begann. Es war Mittag. Die ganze Stadt schlief. Sogar die Hunde auf der Straße schliefen. Die wenigen Autos, die den Ort durchquerten, in Richtung auf Cosenza, auf das Leben zu, schienen wie ferngesteuert, mit entseelten Lenkern hinter dem Steuer, die man, wäre ihr Auto zum Stehen gebracht worden, ohne Weiteres aus ihrem Gefährt hätte hieven und irgendwo abstellen können, ohne dass sie es merkten. Natürlich hatte auch die Bar Italia geschlossen, als ich mit dem Braunen, tief in ein kameradschaftliches Schweigen versunken, vorbeikam. Die Schläfrigkeit des Ortes übertrug sich langsam auf mich und stumpfte mich zu einer mir sonst unerreichbaren Zufriedenheit ab: Warum nicht mit diesem Braunen zur Seite immer nur weitergehen, die Straße hinauf, die nächste hinunter, und so das Leben hinter sich bringen, gemessen schreitend, gelassen schweigend?

Es war dann der Braune, der unsere lebensweise Eintracht störte, indem er mich unvermittelt fragte, woher ich eigentlich komme, und als ich es ihm eher widerwillig gesagt hatte, ergriff ihn die aufgeregte Betriebsamkeit, die zu vergessen er mich gerade gelehrt hatte. Ein Österreicher? Es gab eine Österreicherin im Ort, Vesna, wie wird sie sich freuen, endlich einen Landsmann zu treffen! Unmerklich lenkte er unsere Schritte in den anderen Teil des Ortes, wobei er nun, da er mich einem Ziel, der Begegnung zweier Landsleute, entgegenführte, wieder sein selbstzufriedenes bräunliches Kichern vernehmen ließ.

Nach ein paar Minuten erreichten wir ein schäbiges, doch an den Fenstern und der Eingangstreppe reich mit Blumen bestücktes Haus. Hatten wir wohl eine halbe Stunde lang keine Menschenseele erblickt, stand jetzt diese sechzigjährige Frau im dunklen Kleid mit geblümter Schürze vor der Tür, sie stand nur da und war offenbar mit nichts anderem beschäftigt, als auf uns zu warten. Es hätte mich nicht gewundert, wenn sie uns mit der tadelnden Frage, warum wir erst so spät kämen, begrüßt hätte.

Vesna, meine Landsfrau. Die Unterhaltung mit ihr ließ sich nur schleppend an, denn sie hatte das bisschen Deutsch, das sie erlernt hatte, so lange nicht mehr geübt, dass sie es tief aus der Vergangenheit heraufholen musste. Vesna war stämmig, hatte kohlrabenschwarzes Haar und ein weiches Gesicht darunter, in dem der Anflug eines schwarzen Schnurrbarts von den Lücken im Gebiss ablenkte. Nirgendwo, fand sie, war es ihr so gut ergangen wie hier, in Shën Murtiri, wo das Leben so angenehm ruhig sei: Passiert nix! In ihrer Küche blitzte es nur so vor blank gescheuerten Fliesen, sie zählte im Ort nicht gerade zu den Armen, denn zu dem guten Geld, das ihr Mann in Cosenza verdiente, kam noch die kleine Pension, die sie aus Österreich erhielt. Dreiundzwanzig Jahre hatte sie in Österreich gearbeitet, die längste Zeit davon in der Kleinstadt Stockerau, und später noch in einem Ort namens St. Ägyd am Neuwalde, der schon so ähnlich war wie San Martino di Finita. Fast immer war sie in der Gastronomie beschäftigt, vom ersten Tag an. Der erste Tag war im Oktober 1969 gewesen, als sie aus einem Dorf in der Nähe von Sombor in Serbien, aber aus einem Gebiet, in dem hauptsächlich Ungarn lebten, nach Österreich fuhr. Ich warf ein, dass auch meine Eltern aus der Wojwodina stammten, aus Palanka und Futog, gar nicht so weit von Sombor entfernt, und sie sagte erfreut: »Ah, Schwaba!«

Dass wir uns hier trafen, in einem albanischen Bergdorf im kalabresischen Süden Italiens, wir, zwei Österreicher, von denen der eine von einer vertriebenen donauschwäbischen Familie in der Wojwodina abstammte und die andere in einem benachbarten ungarischen Dorf als Serbin aufgewachsen war, schien ihr nicht weiter der Rede wert. Die Menschen hatten in Europa immer schon viel unterwegs sein müssen, das war nichts Besonderes. Eher war es etwas Besonderes, dass es ihr hier so gut ging. Es hatte sie eigenartigerweise immer in kleine Städte wie Shën Murtiri oder Sankt Ägyd am Neuwalde verschlagen, und immer hatte es, wo sie war, einen Fluss gegeben, die Tisa in ihrem ungarischen Dorf in Serbien, die Traisen in St. Ägyd, den Torrente Finita hier. Das war das Merkwürdige. Überall konnte es schön sein, aber hier hatte sie es am besten, da war Vesna sicher. Nix passiert! Ich bedankte mich für den Saft, den Kuchen, die österreichische Gastfreundschaft und stieg mit meinem schweigenden Begleiter, der beglückt war, dass er uns zusammengebracht hatte, zum Dorfplatz hinunter.

Unten, beim Kriegerdenkmal, musste ich plötzlich denken, dass ich diesen hilfsbereiten, einfältigen Mann gewiss nie wiedersehen würde. Und gerade so, als gelte es fürs Leben, schüttelten wir einander kichernd die Hände, dass es nur so krachte, der Braune und ich.

7

Die Sila ist eine dicht bewaldete Hochebene, die schon im Altertum als »der große Wald Italiens« bezeichnet wurde und sich landschaftlich stark vom Massiv des Pollino im Norden unterscheidet. Weiter südlich gelegen, hat sie nichts Schroffes, sondern dehnt sich, reich bedeckt mit Buchen, Lärchen, Föhren, in sanften Hügeln und Mulden. Am Rand der Sila hocken sechs albanische Gemeinden, darunter das für die Geschichte Süditaliens so bedeutende San Demétrio Corone mit seinem Kolleg.

Auch der Weg in die Sila dauerte viel länger, als wir ihn mit der Autokarte berechnet hatten, endlos zogen die Kurven durch Olivenhaine und Weingüter, vorbei an Wiesen, aus denen riesige Ohrenkakteen ragten, und das Colegio wollte einfach nicht auftauchen. Unvermittelt lag es nach einer unverdächtigen Kurve dann doch vor uns, mächtig noch in seinem Verfall, rotbraun vor Staub, ein verlassener Ort der Begegnung. Das Kolleg war einst eine der ersten höheren Schulen Süditaliens gewesen, noch jetzt konnte man erkennen, welch bedeutende Rolle es für die ganze Region gespielt haben musste, mit dem großzügig angelegten Internat, den Arkadengängen, dem schattigen Innenhof, in dem ein schönes, melancholisches Denkmal des Dichters, Aufklärers und Volksbildners Jeronimo de Rada stand. Von den Arkadengängen, in denen man sich gut die Scholaren vorstellen konnte, wie sie beim Memorieren auf und ab wandelten, sah man weit in das Land hinein, das vom Colegio sanft abfiel. Das geistliche Kolleg, 1794 mit Genehmigung der Kirchenobrigkeit von San Benedetto d'Ullano hierher versetzt, war ein Hort der Freigeisterei, keine Revolution in Europa, die hier nicht ihre geheimen und offenen Anhänger hatte. Bedeutende, polyglott gebildete Köpfe haben hier gelehrt, eine vordem nicht vorhandene Schicht von albanischen Intellektuellen ausgebildet und in San Demétrio Corone, am Rande der Sila, des großen Waldes, fernab von den großen Verbindungswegen, ein Institut geführt, das als »wahrer Leuchtturm der Gelehrsamkeit« weit über Italien hinaus berühmt und bei seinen Feinden als »Arbeitsplatz des Teufels« verhasst war.

Die frommen Rebellen von San Demétrio Corone führten die Naturwissenschaften als Lehrgegenstand ein, suchten die Landwirtschaft nach neuen Erkenntnissen zu fördern und verboten die körperliche Züchtigung der Zöglinge. Bei alldem waren sie um den bürgerlichen Fortschritt in Italien und um die Entwicklung ihres fernen Mutterlandes besorgt. Der Glanz des Kollegs strahlte bis ins Land der Shkipetaren, und er strahlt noch heute, da das Institut schon seit Jahrzehnten geschlossen ist und seine Gebäude verlassen sind. Als das stalinistische Regime in Tirana abtrat und die Albaner wieder die Welt entdeckten, führte den ersten gewählten Präsidenten eine seiner ersten Reisen hierher, es war eine Pilgerfahrt zu einer heiligen Stätte der albanischen Kultur, die Sali Berisha unternahm.

Vor dem weiträumigen Komplex an Gebäuden stand auf dem staubigen Parkplatz ein junges Liebespaar. Von sich aus wandten sich das blond gefärbte Mädchen und ihr dunkler, lockiger Freund, der ein verwegenes Gesicht hatte und ziemlich genau dem Typus entsprach, vor dem die Reisebüros warnen, an uns, fragten, ob wir das Kolleg besuchen wollten, und versprachen, den Mann, der dazu den Schlüssel hatte, zu holen. Sie brausten auf einem Motorroller davon, und nach zehn Minuten kamen sie auf ihm zu dritt zurück, mit einem kleinen, stämmigen Mann, der das besaß, was man in Österreich einen Quadratschädel genannt hätte. Er klimperte beruhigend mit dem Schlüsselbund, bedeutete uns, ihm zu folgen, und öffnete das Tor zur Kirche San Adriano, die in den Kunstführern stolz als »chiesa normanno-bizantina« geführt wird und in ihrem Kern auf das II. Jahrhundert zurückgeht. Diesem Gebäude, das sie hier abseits einer kleinen albanischen Ortschaft vorgefunden hatten, fügten die Lehrer von San Demétrio Corone nach und nach eine Vielzahl von Bauwerken hinzu, die Kirche selber aber beließen sie in jenem Zustand, in dem sie sich seit dem frühen Mittelalter befand.

An der Restaurierung der Kirche wird seit Jahrzehnten gearbeitet, immerhin waren zwei prächtig wiederhergestellte Mosaike mittlerweile umzäunt, sodass wir sie zwar betrachten, nicht aber auf ihnen stehen konnten. Der Messner mit dem Schlüsselbund wies auf eines der Mosaike, das eine sich ringelnde Schlange zeigte, und erklärte, dass es sich dabei um das wichtigste Kunstwerk der alten Kirche handelte und sogar Japaner da gewesen wären, es anzusehen. Dann blickte er mich mit schelmischer Vertraulichkeit an und fragte: Warum eigentlich? Nun, wahrscheinlich, weil es sich eben um ein großes Kunstwerk handelt, sagte ich, worauf er auf merkwürdige Weise mit der Zunge schnalzte, was alles Mögliche bedeuten konnte, aber vermutlich: Das war nicht besonders schlau! bedeutete.

Gennaro Sposato, der uns durch das ganze Areal führte, da eine Tür aufsperrte, dort eine hinter uns verschloss, war ein gewitzter Führer. Dauernd machte er mich auf schadhafte Stellen im Mauerwerk, auf Bildern, Böden, Arkaden aufmerksam, um dann ein resigniertes »Ah, Italia!« anzufügen, dem er ein durchaus herzhaftes Lachen folgen ließ. Gerade an dieser Stelle, wo wir jetzt standen, vor den bröckelnden Tafeln im wild überwucherten Innenhof, war vor einiger Zeit eine junge Frau aus Argentinien gestanden, die ihrem Großvater, der hier zur Schule gegangen war, versprochen hatte, einmal das berühmte Collegio zu besuchen. Und was hätte er, Sposato, ihr damals zeigen können? Ja, wie sieht denn das hier alles aus!, rief er jetzt erzürnt und deutete zur baufälligen Kapelle. Ah, Italia! Kaum hatte er seinem Unmut in diesem Ausruf Luft gemacht, lachte er wieder.

Nein, er war kein Albaner, sagte er. Leider, fügte er hinzu, offenbar weil er vermutete, wir hätten hier, an dieser abgesunkenen Stätte albanischer Gelehrsamkeit, statt mit einem kalabresischen lieber mit einem albanischen Bauern gesprochen. Mir fiel auf, dass ich auf meiner langen Reise von keinem Italiener, den ich nach den Arbëreshe fragte, auch nur ein einziges unfreundliches Wort, eine abfällige Bemerkung, einen zweideutigen Spruch zu hören bekam.

Die meisten antworteten ruhig, sachlich und bedauerten, so wenig von den Arbëreshe zu wissen, von denen sie wohl wussten, dass es sie hier schon seit uralten Zeiten gab.

Nachdem Gennaro Sposato uns lange genug durch das Kolleg geleitet hatte, führte er uns in sein Kabuff, ein Zimmer von höchstens acht Quadratmetern, und kredenzte in Plastikbechern Schnaps, dessen Flasche er aus dem Kühlschrank in der Ecke holte. An den Wänden dieses Raumes, der halb Abstellkammer, halb private Kapelle des durchtriebenen Messners und gottesfürchtigen Bauern war, waren heilige, magische Dinge aufgehängt. Ein Kreuz, mit Lorbeer umwunden, das bei Prozessionen vorangetragen wurde; ein weißer Schleier, den der Pfarrer bei der Hochzeit um die Handgelenke des Brautpaars windet. Eines dieser Porträts des Padre Pio, des wundertätigen Mönchs aus Bari, der in Süditalien schon lange wie ein Heiliger verehrt und 1999 vom Papst tatsächlich seliggesprochen wurde. Wie von Skanderbeg hatte auch von Padre Pio bald jeder Ort in Kalabrien ein Heiligtum – ein großes Foto im Schaukasten des Gemeindeamtes, bei der Kirche, in den Bars, zuweilen auch ein Denkmal, das ähnlich einfallslos nach ein und derselben Gussform gefertigt war wie bei Skanderbeg. Ist der Feldherr auf seinen Denkmälern für alle Ewigkeit in der nämlichen grausamen Pose erstarrt, lächelt der Mönch von den seinen stets auf eine entrückte, geradezu geistentleerte Weise. Neben dem Bild des frommen Pio war um einen Nagel eine Girlande künstlicher Rosen mit einem übergroßen weißen Büstenhalter geschlungen. Gennaro Sposato beharrte darauf, dass auch dieses Stück für die Hochzeit gebraucht werde, wie der Schleier, der die Brautleute verbindet, aber so dringlich ich ihn auch befragte, er mochte nicht sagen, bei welchem unerlaubten Ritus das Wäschestück Verwendung fand. Stattdessen schenkte er hurtig Schnaps nach, einen scharfen Grappa, der rasch zu Kopfe stieg. Beim Trinken duldete der friedfertige Mann keinen Widerspruch, fortwährend wurde nachgeschenkt und zugeprostet. Als Gastgeber unerbittlich, hätte Gennaro Sposato uns aus seinem Kabuff nicht entlassen, ehe wir völlig besoffen gewesen wären. Doch kam uns in letzter Bedrängnis Padre Pio zu Hilfe. Als ich meinen Plastikbecher in der wachsenden Verwirrung des Nachmittags einmal nicht mehr zur Hand hatte und wir ihn trotz heftigen Suchens in dem winzigen Raum nicht gleich finden konnten, behauptete ich mehr im Scherz, dass der wundertätige Pio den Becher hatte verschwinden lassen, um mich, den Reisenden, vor einer unverantwortlichen Berauschung zu beschützen. Diese Erklärung akzeptierte Gennaro Sposato, der zuvor keinen Einwand geduldet hatte, sofort, er räumte die Flasche weg und trat mit uns ins Freie. Auf dem Parkplatz wartete noch immer das Liebespaar, um den Messner wieder auf seinen Hof zu bringen. Die beiden fragten, ob uns das Collegio gefiel und wir auch alles richtig erklärt bekommen hatten. Dann schüttelten sie uns mit einer förmlichen Verbeugung die Hand, wünschten eine gute Reise und winkten uns hinterher, solange sie uns sehen konnten.

8

Am Dorfeingang von San Cosmo Albanese, das rund zehn lange Kilometer ostwärts von San Demétrio Corone am Rand des großen Waldes lag, wartete diesmal nicht der

eherne Skanderbeg, sondern ein anderer, ein nachdenk-
licher Mann aus Stein auf uns: Zef Serembe, ein Dichter
aus dem 19. Jahrhundert, der hier geboren wurde, den es
weit in die Welt, bis nach Argentinien, Brasilien, New York
hinaustrieb, und der doch zeitlebens von diesem kleinen
Ort nicht loskommen mochte. Eine schmale, lange Straße,
die San Cosmo durchquerte, war nach ihm benannt, und
in der Nummer 66 der Via Serembe, einem unauffälligen,
düsteren Haus mit zwei Stockwerken, in dessen Parterre
jetzt ein Kindergarten untergebracht war, wurde der Dichter 1843 geboren. Neuerdings verglich ein Literaturwissenschaftler ihn mit Edgar Allan Poe und Charles Baudelaire,
deren gehetzte, künstlerisch ungemein produktive Nervo-
sität und fahrig unbestimmte Sehnsucht er teilte. Als ich
sein Dorf abschritt, war auch ich verführt, es für eine End-
station auf Erden zu halten, für einen Ort, in den niemand
freiwillig ziehen wird und in dem geboren zu sein zweifellos ein Verhängnis ist; so eng mutet es an, so in sich und
seine keineswegs idyllische Abgeschiedenheit eingesperrt.
Und auch hier, wie in den meisten kalabresischen Dörfern,
verstörte die Abwesenheit von Menschen, von denen man
kaum je einen zu Gesicht bekam. Wie konnte ein Ort, der
doch über tausend Einwohner zählte, so leblos und verlassen wirken! Selbst die Einrichtung des Kindergartens, der
am frühen Mittwochnachmittag verschlossen war und in
den ich durch das Fenster blickte, erweckte den Eindruck,
als wäre sie bloß vergessen worden oder würde hier aufbewahrt werden für eine Kinderschar, die jetzt noch nicht
geboren war und in San Cosmo auch nicht mehr geboren
würde, sondern von irgendwo, wo glücklichere Menschen
leben, hierhergelangen müsste.

Vor dem Haus, Civita/Cifti

Immerhin, ihren Dichter liebten die Leute von San Cosmo Albanese, und der alte Mann, der sich endlich aus seinem kleinen Laden in der Via Serembe herauswagte, begann auch gleich, ein Gedicht zu rezitieren, wie um uns zu beweisen, dass Serembe ein Dichter des Volkes war. Nirgendwo sind die Schriftsteller so angesehen wie bei den kleinen Nationen, deren Existenz wesentlich vom Überleben ihrer Sprache abhängt, mit der sie sich nur mit ihresgleichen zu Hause, aber nirgendwo sonst in und mit der Welt verständigen können. Und doch ist es gerade ihre kleine, von einigen Zehn- oder Hunderttausenden gesprochene Sprache, welche die Dichter dieser Nationalitäten als einzigartiges System der Welterfassung und Weltdeutung besingen. Stets ist sie schon bedroht, ihre Sprache, die sich aber, selbst wenn sie von Gelehrten, Politikern, den Ideologen der großen Zusammenschlüsse totgesagt wurde, oft noch über Jahrhunderte halten und entwickeln kann. Karmell Kandreva, Kind armer Leute, das, statt die Schule zu besuchen, die Schafe hüten musste und als Erwachsener seine schulische Ausbildung nachholte, selber Lehrer wurde, eine Alphabetisierungskampagne organisierte und endlich Bücher publizierte, ehe er 1982, gerade einundfünfzigjährig, starb, hat in dem Gedicht »Die albanische Sprache« nichts anderes als deren täglichen Gebrauch von seinen Landsleuten verlangt:

»Eine schöne Sprache bist du
im Ächzen und Jubeln,
niemand war stärker als du
so viele Jahre, so stirb auch jetzt nicht.
Sprecht eure Sprache, Arbëreshe!

Sprecht sie drinnen, draußen, auf dem Marktplatz,
eure Sprache werdet ihr nicht vergessen,
werdet sie auch andere lehren.
Der Tag wird nicht kommen,
der euch aufgeben sieht.
Sprechen müsst ihr Tag um Tag
wie es war bis jetzt.«

Während Volksbildner verzweifelt fordern, die Arbëreshe mögen im Alltag nicht müde werden, albanisch zu sprechen und für die neuen Dinge des Lebens albanische Wörter zu finden, ist das ganze Sprachgebiet von einer erstaunlich großen Zahl von Linguisten vermessen, detailliert verzeichnet und in allen seinen Besonderheiten katalogisiert und archiviert worden, als gehe es darum, die Sprache der italienischen Albaner mit möglichst exakter Beschreibung ins Museum der ausgestorbenen Sprachen zu verfrachten, in dieses imaginäre Museum des Verlusts, das wächst und wächst und in dem aufgehoben bleibt, was von der Erde getilgt wurde. Schon 1903 hatte ein junger Leipziger namens Robert Helbig den Anfang gemacht und seine Dissertation dem »Italienischen Element im Albanischen«, also gerade der Sprache der Arbëreshe gewidmet. Nach dem Zweiten Weltkrieg kamen etliche junge Studenten nach Kalabrien, lebten in den sittenstrengen Dörfern unter den Albanern und erwarben ihre Doktortitel mit der Bestandsaufnahme regionaler Dialekte. Aus Chicago stammte Eric P. Hemp, der eine Studie über »Die Morphologie des Albanischen in Vaccarizza« verfasste, einer Kleinstadt, drei Kilometer ostwärts von San Cosmo Albanese, aus Deutschland Rupprecht Rohr, der die

Sprache der tausendfünfhundert Bewohner von Acquaformosa bei Lungro untersuchte, und später Karl-Heinz
Rentsch, der sich über die nordkalabresischen Mundarten
insgesamt wagte. Alle diese Forscher, die sich in die Sprach-
geschichte einer abseitigen Region verbissen, sind mittlerweile emeritierte Universitätsprofessoren, deren Schüler
selbst wiederum in Kalabrien unterwegs sind, als Soziolinguisten, die das allmähliche Aussterben des Albanischen
nach Bildungsgrad und Schichtzugehörigkeit der Arbëreshe dokumentieren, oder als vergleichende Sprachwis-
senschaftler, die sich für so bemerkenswerte Phänomene
wie »Die Bildung des Perfekts im Italo-Albanesischen im
Vergleich zu anderen Sprachen« interessieren. Und Studi-
engruppen der Universität Cosenza sind seit den Achtzigerjahren unterwegs, die fünfzig albanischen Gemeinden, die
es in Kalabrien, Apulien, Basilicata, Molise und Sizilien
noch gibt, aufzusuchen und nach jedwedem sprachwissenschaftlichen Aspekt zu erforschen. Die Lexikografie der
Arbëreshe wächst, so gesichert wie die historische, sied-
lungsgeografische, kulturgeschichtliche und sprachwissen-
schaftliche Forschung über sie ist ihr Bestand freilich nicht.

9

Es war nicht schwer, Professor Altimari sympathisch zu
finden. Nachdem ich ihn von einer Raststätte etwa fünfzig
Kilometer nördlich von Cosenza angerufen hatte, schlug
er vor, bei der Autobahnabfahrt Cosenza-Rende in einem
Wagen zu warten, damit er uns durch die schwierig zu
durchfahrende Altstadt geleiten konnte. Er war ein etwa

fünfzigjähriger, mittelgroßer Mann, von der wachen Aufmerksamkeit, wie sie Leute auszeichnet, die es gerne haben, etwas zu erfahren und sich mit dem, was sie mitzuteilen wissen, in ein bewegtes Gespräch einzublenden. Wir waren schon bald draufgekommen, dass wir eine gemeinsame Leidenschaft hatten, die Freude, die uns Verwechslungen bereiteten. Er erzählte mir, dass in einer großen deutschen Zeitung vor Kurzem ein Artikel über Cosenza erschienen war, endlich einmal ein Artikel über Cosenza, und dann – alles falsch! Cosenza hat sieben Berge und zwei Flüsse, den größeren Crati und den bekannteren Busento, in dem im Jahre 410 der mächtige Alarich sein Grab fand. Offenbar hauptsächlich von dieser Geschichte aus germanischer Vorzeit fasziniert, suchte der deutsche Reporter überall in Cosenza nach Spuren, die zum König der Westgoten und seinem in der Ballade besungenen Grab im Fluss zurückführten. Das große Skanderbeg-Denkmal fand sich in der deutschen Zeitung folglich nicht nur exakt beschrieben, sondern auch als Alarich-Monument bezeichnet. Das war aber, wie jede echte Verwechslung, nicht einfach ein folgenloser Irrtum, sondern bestimmte den ganzen Artikel, der von der rührenden Sympathie der Süditaliener für den fremden Gotenkönig aus dem Norden handelte.

Altimari hatte vor dreißig Jahren mit einer soziolinguistischen Arbeit über die Arbëreshe dissertiert, jetzt saß er auf dem Lehrstuhl für albanische Sprache und Literatur, hatte die Arbëreshe zu einem Gegenstand internationaler Kongresse gemacht und längst seine eigenen Dissertanten zu Feldstudien in die fünfzig Gemeinden ausgeschickt. Er schätzte, dass heute noch etwa hunderttausend Italiener sich selbst als Arbëreshe empfanden, und unterschritt damit die fantastischen Zahlen, die von wohlmeinenden Freunden der Arbëreshe in aller Welt und einzelnen albanischen Nationalisten in Umlauf gebracht wurden, die von fünf Mal so vielen Italo-Albanern ausgingen. Allerdings habe die albanische Kultur in den letzten Jahren in Italien eine unerwartete Renaissance erfahren, was auf doppelte Weise mit der Europäischen Union zusammenhänge. Denn einerseits ließ ein so großer Wirtschaftsraum mitsamt seinem teilweise aberwitzigen Warenverkehr viele verschreckte Unions-Europäer die lokalen Besonderheiten ihrer näheren Umgebung entdecken; und andrerseits, was viel wichtiger war, kamen die Europäer nun nach und nach darauf, wie viele Minderheiten, Nationalitäten, religiöse, sprachliche, ethnische Gruppen es in ihrer Union tatsächlich gab und dass es ihre Vielzahl und Vielfalt war, die diese Wirtschaftsunion anziehend machte. In der italienischen Gesellschaft jedenfalls war der Begriff der »minoranza« noch niemals mit so viel Positivem verbunden worden wie jetzt. Erstmals wurde der Bilingualismus, dass nämlich jeder Arbëreshe in zwei Sprachen zu Hause war, als kultureller Wert erkannt. Die Minderheit, die lange im Verdacht der Rückständigkeit stand, sah sich plötzlich in den Status einer Avantgarde versetzt, die bereits seit Jahrhunderten praktizierte, was die anderen erst lernen mussten: die Selbstverständlichkeit, sich nicht nur in einem, sondern in mehreren kulturellen Zusammenhängen zu behaupten und von der einen in die andere Sprache zu wechseln. Erstmals in der Geschichte des modernen Italien konnte daher 1999 ein Gesetz erlassen werden, das die Existenz einer albanischen Minderheit anerkennt und diese auch in ihrem Recht bestätigt, Schulen zu errichten oder auf Ämtern und vor Behörden in ihrer Sprache zu sprechen. Seit Garibaldi hatte es derlei in einem italienischen Staat nicht mehr gegeben.

Dieses Gesetz war überfällig, denn seit einigen Jahrzehnten war die Volksgruppe im Niedergang begriffen. Die meisten Arbëreshe sprachen zwar im Alltag untereinander Albanisch, aber sie konnten es weder lesen noch schreiben. Das war zu Zeiten nicht so schlimm, als viele ihrer italienischen Nachbarn noch Analphabeten waren. Eigenartigerweise waren die wichtigsten Impulse, eine verbindliche albanische Orthografie zu schaffen, gerade von Intellektuellen der Arbëreshe ausgegangen, zumal vom großen Jeronimo de Rada, der sich mit sprachwissenschaftlichen Studien und kulturpolitischen Polemiken am entschiedensten für die Entwicklung einer einheitlichen albanischen Schriftsprache eingesetzt hatte. Aber zu einer solchen Schriftsprache, die von allen albanischen Gruppen anerkannt wäre und sinnvoll genutzt werden könnte, war es nie gekommen. Heute, da auch im Süden jeder Italiener lesen und schreiben konnte, war es für die Arbëreshe gefährlich, wenn auch sie das nur auf Italienisch vermochten. Denn eine Sprache kann nicht überleben, wenn sie nur für die Küche taugt, und die Leute sich weder schriftlich in ihr ausdrücken können noch für die vielen Dinge Worte haben, die der Fortschritt täglich neu erfindet und bis ins hinterste Dorf anliefert.

»Wir werden als Arbëreshe nur überleben, wenn wir unsere Kultur der Hütte nicht krampfhaft in einem Gegensatz zur Kultur der Technologie halten«, sagte Altimari und präsentierte stolz, wie er das Internet für seine Forschungen nutzte. Tatsächlich hatte er in seinem virtuellen Museum, das historische Sprachaufnahmen aus den verschiedenen Gemeinden ebenso barg wie Beispiele der allerneuesten Arbëreshe-Musik, bereits wesentlich mehr Dokumente gesammelt, als die diversen realen Heimatmuseen in den Dörfern zu bieten hatten. Aber es war, wiewohl es seine Ausstellungsstücke auf ein paar Disketten speicherte und nicht in Vitrinen ausstellte, dennoch ein Museum, das bewahrte, was zumeist bereits aus dem unmittelbaren Lebenszusammenhang gefallen war.

Zum Abschied erzählte ich Altimari eines meiner Lieblings-Missverständnisse, das gleichfalls mit einem Denkmal zu tun hatte. Auf Korfu, wo sie ein paar Winter verbrachte, hatte die Kaiserin Elisabeth von Österreich dem von ihr schwärmerisch verehrten Heinrich Heine ein Denkmal errichten lassen. Das stand ein paar Jahre im kaiserlichen Garten und witterte mit schmerzlicher Ironie vor sich hin. Nach dem Tod Elisabeths erwarb der deutsche Kaiser das Anwesen, und Wilhelm II. war nicht sehr erbaut, den deutschen Dichter, den er für einen frechen Judenlümmel hielt, vom Fenster seiner übrigens selten genutzten Villa betrachten zu müssen. Er ließ das Heine-Denkmal abreißen und eine monumentale Statue des edlen Achill aufstellen. Achill, wie ihn sich der deutsche Kaiser gewünscht hatte, war nackt, aus klobigem Stein und acht Meter hoch. Die Griechen aber, denen es an manchen Tagen erlaubt war, im kaiserlichen Park zu lustwandeln, vermochten ihren Helden nicht zu erkennen. Sie hielten ihn für Martin Luther, einen nordischen Religionsgründer, und wunderten sich ein wenig, dass der fromme Mann so böse schaute, so dicke Muskeln hatte und außerdem noch unbekleidet war.

10

Als wir nach zwei Wochen an unseren Ausgangspunkt zurückkehrten, wälzte sich über den Rand des Pollino gerade eine schwarze Wolkenbank. Binnen Minuten ging der helle Tag in eine vorzeitige Dämmerung über, die sich über Civita und das ganze Land bis zum Ionischen Meer breitete. Der Platz, auf dem wir die alten Männer vermuteten, war nahezu menschenverlassen, ein paar Frauen, schwer bepackt mit Dingen, die sie im Supermarkt unweit der Kirche gekauft hatten, huschten in die Gassen, um ihre Häuser am Hügel noch zu erreichen. Museum, Muncipio, Tabaccheria und Farmacia, die Cafés am Platz hatten dichtgemacht, die Stühle, die sonst links und rechts jeder Eingangstür zum Verweilen einluden, waren weggeräumt, Jalousien und Holztüren zugezogen. Der laute Wind, der seit einer halben Stunde aufbrauste und abschwoll, war in ein merkwürdiges Säuseln übergegangen, das wie ein dünnes Lied klagend durch den Ort zog. Nachdem das Lied für einen Moment gänzlich erstorben war, erhob der Wind sich mächtig und laut wie nie zuvor und wischte über die Dächer, dass die mit Steinbrocken beschwerten Schindeln auf die Straße krachten. Aus allen Ecken des Ortes waren jetzt umstürzende Blumentöpfe, Fässer, Eimer zu hören, die auf den abfallenden Gassen noch scheppernd ein paar Häuser weiter kullerten. Dann sauste ein Blitz in den vorgelagerten Felsen, als wollte er ihn spalten, und noch ehe das fahle Licht, in das er die Gegend getaucht hatte, erloschen war, brach der Donner über der Stadt zusammen, dass in den Häusern die Möbel erzitterten. Der Donner suchte dem Kessel zu entweichen, doch wurde er von den hochragenden Felswänden ringsum zurückgeschleudert und zwischen ihnen mehrfach hin- und hergeworfen, bis er in ein dunkles Rollen überging, das für Stunden nicht aufhörte.

Mit dem Donner waren die Wolken zerplatzt, und unaufhörlich prasselten jetzt harte, kalte Regentropfen zur Erde. Civita bildet eine Mulde, in dessen tiefer Mitte der Dorfplatz liegt, auf den steil die Gassen zulaufen. Das Wasser floss die Wege, Treppen, Gassen abwärts, suchte sich Rinnen, in denen es pfeilschnell talwärts schoss, an den Ecken vereinten sie sich mit den Rinnen anderer Gassen und sausten, schmalen Bächen gleich, durch das Straßengewirr, stauten sich an Hindernissen wie dem gemauerten Treppenvorbau eines Hauses, kippten dann über den Damm und stürzten weiter, auf die Breite der ganzen Gasse angeschwollen, wie Meereswellen klatschten sie bei Kurven, die die Gassen machten, an Häuserwände, wechselten die Richtung, fanden den kürzesten, den steilsten Weg ins Tal, in die Stadt, und von dort über die Felsen, die Abhänge hinunter zu den halb ausgetrockneten Bächen, die in wenigen Minuten zu reißender Macht anschwollen. Im Ort hatte das Wasser das Regiment übernommen, aussichtslos, sich ihm zu widersetzen. Der Aufstieg in die höher gelegenen Viertel war unmöglich, weil auf allen Wegen das Wasser knöchelhoch daherkam, die eingebrochenen Ränder von Straßen und Plätzchen wurden zu gefährlichen Wassergruben, und wo die Wege nicht gepflastert waren, dort verwandelte sich alles in Seen aus Schlamm, Geröll und Morast. Für Stunden war nichts zu hören als das unaufhörliche Rollen des Donners, der über den Ort kegelte, und das Tosen des Wassers, das vielstimmig zu Tal sprang; das Geräusch erinnerte mich an Wandergebiete in den Alpen, durch deren Stille tosend eine Ache zieht, doch diese Achen hier, aus Hunderten Zuflüssen gespeist, suchten ihren Weg nicht durch unbewohnte Natur, sondern mitten durch eine Stadt aus Stein und Asphalt ...

Die Straßen im Gebirge, über die wir in den letzten Tagen die entlegenen Gemeinden besucht hatten, mussten mittlerweile vom abrutschenden Erdreich unpassierbar geworden sein. Zu Hause las ich später in der Zeitung, dass in jenen Tagen in Kalabrien der Notstand ausgerufen wurde und vierzig Dörfer von der Außenwelt abgeschnitten waren. Das Haus, in dem wir untergebracht waren, stand erhöht am Rande der Schlucht, in der sich der Roganello beeilte, sein lehmbraunes Wasser ins Meer zu befördern. Für zwei Tage konnten wir kaum einen Fuß vor die Tür setzen, ich hatte Zeit genug, meine Papiere zu ordnen, in Gedanken noch einmal all die Dörfer abzufahren und mir die vielen Leute, denen ich begegnet war, ins Gedächtnis zu rufen. Erst jetzt fiel mir auf, wie wenige Frauen wir in den albanischen Gemeinden gesehen hatten. In den Parks, vor den Cafés waren zumeist nur ältere Männer gesessen, vereinzelt unter ihnen Frauen in ihrem Alter. In den wenigen Gaststätten, die wir fanden: fast nur Männer. Männer als Gäste, Männer als Bedienung. Die paar Frauen, die wir trafen, wirkten selbstbewusst, nicht gedrückt oder eingeschüchtert, sie eröffneten, so wie die Männer, zumeist von sich aus das Gespräch. Dass wir nur so wenige von ihnen zu sehen bekamen, hing also nicht damit zusammen, dass sie etwa in einer traditionellen Männergesellschaft strikt auf das Haus verwiesen wären. Es war einfach so, dass es hier nicht mehr Frauen gab, weil diese so wie die jungen Männer auswärts arbeiteten, in der norditalienischen Industrieregion, in Rom oder Neapel, oder im näheren Cosenza. Viele von ihnen kamen nur alle paar Monate heim, manche immerhin am Wochenende, wenige waren Pendlerinnen, die tagsüber in Castrovillari oder Cosenza arbeiteten und zum Schlafen ins Dorf zurückfuhren. Der 1944 geborene Lyriker Giuseppe Schirò di Maggio hat das Elend der albanischen Arbeiter und Arbeiterinnen, die irgendwann aufhören, jede Nacht auf Samstag aus Turin, Mailand, Udine heim zur Mamma, zur Familie, zu den Kindern in ihr kalabrisches Dorf zurückzufahren, eindringlich benannt:

»Lächerlich wirst du
wenn du sie liebst die Züge
Autos
Verkehrsmittel
die dich verbinden
mit deinem Fleck Erde.
Doch vielleicht ist es nicht schwer
das Leben in der Fremde
für den der fremd geworden ist
sich selbst.«

Es waren aber stets die Frauen gewesen, die die Tradition der Arbëreshe hüteten, sie zogen die Kinder auf und zu Albanern heran, während die Männer sich irgendwo in der Welt verdingten und das Geld nach Hause schickten. Die erste Sprache des Menschen ist die Muttersprache, und wo die Mutter abwesend ist, weil sie arbeiten geht, dort wird die Bindung zur Muttersprache schwächer.

In den Jugendlichen siegt dann die Sprache der Medien und der Moden, das Italienische. Der soziale Wandel, der die Frauen zu einer Lohnarbeit nötigte, die viele halb als Zwang und halb als Befreiung empfinden lernten, hat die Erziehung von den Frauen, die einst ganz auf den engen Kreis des Dorfes verwiesen waren und im Bannkreis der Tradition lebten, auf staatliche Instanzen übertragen. Morgens werden die in blaue Schuluniformen gesteckten Kinder am Hauptplatz vom Bus abgeholt, der sie in die nächste Stadt mit Schule bringt, abends kommen sie wieder zurück und werden von den Großeltern in Empfang genommen. Wenn diese Kinder lärmend, raufend, spielend zusammen waren, habe ich sie niemals Albanisch sprechen gehört, es war immer das Italienische, in dem sie sich unterhielten, ihre Späße machten und sich Schimpf- und Neckwörter nachriefen.

Wie die Tradition nicht mehr von den Frauen gehütet wird, sind auch die Priester nicht mehr in der Lage, die Gemeinschaft der Arbëreshe zuverlässig in ihren alten Sitten und Gebräuchen zu bestätigen und sie auf diese zu verpflichten. Hochgeachtet noch immer, predigen sie doch vor leeren Bänken, und ihre einst überragende Bedeutung für die Volksgruppe wird ihnen gerade von Intellektuellen attestiert, die sich dem christlichen Glauben selbst durchaus entfremdet haben.

Bleiben diese Intellektuellen, sie bilden bei jeder Minderheit stets die Vorhut und die Nachhut. Die Vorhut derer, die sich als Erste von der Minderheit verabschieden, um ihren Weg als Assimilanten in der Nationalität der Mehrheit zu suchen; und die Nachhut jener, die noch als Letzte einer Gemeinschaft die Treue halten, die es außer in ihren

Wunschträumen und Zwangsvorstellungen gar nicht mehr gibt. Diese Nachhut von Lehrern, Dichtern, Brauchtumsforschern, Archivaren verzeichnet dann noch die Grammatik eines sterbenden Dialektes, rettet die Sagen, die sich die Menschen einst erzählten, in akademische Ausgaben, schreibt elegische Gedichte des Trotzes und Stolzes und schleppt die Dinge, die von Generationen gesammelt wurden, damit die Heutigen sie achtlos auf den Müllhaufen werfen, ins Heimatmuseum. Die Arbëreshe sterben in der nächsten Generation aus, sagte mir einer ihrer traurigen Intellektuellen. Die Arbëreshe wird es so lange geben, als es noch Menschen gibt, die nicht als Fernsehfiguren leben möchten, sagte ein anderer. Von all den Leuten, die sich mir weltfreundlich und unbeirrbar zu den Arbëreshe bekannt hatten, schien eine starke Kraft und Geduld auszugehen. Vielleicht ist Civita hinter den sieben Bergen doch eine Versuchsstation, in der alte Dörfler die Zukunft der Welt erproben.

Die Slawen von nebenan –
Sorbische Reise
durch Deutschland

I

Nach Ralbicy fährt man nur des Friedhofs wegen. Von Bautzen zog sich die schmale Straße hügelan, hügelab an Dörfern vorbei, die schmuck und menschenverlassen zugleich wirkten. Es war ein kalter, windiger Tag, und Mitte März lag kein Fleckchen Schnee mehr auf dem Boden, den der vorzeitige Frühling aufgeweicht hatte. Der holprige Weg, alle paar Hundert Meter von steinernen Feldzeichen gesäumt, die an eine Bluttat des 17. Jahrhunderts oder einen tödlichen Blitzschlag anno 1857 gemahnten, führte westwärts durch die Felder der Oberlausitz, ins Herzland der katholischen Sorben. Die Lausitz ist eine Landschaft von merkwürdiger, verwunschener Schönheit, rund hundert Kilometer lang, halb so breit und in voller Länge von der Spree durchflossen. Dort, in den deutschen Bundesländern Brandenburg und Sachsen, im Nordosten den Polen benachbart, im Süden den Tschechen, leben die Sorben in einigen Städten wie Cottbus, Hoyerswerda und Bautzen und in malerischen Weilern und Dörfern, von denen ihnen in diesem Jahrhundert viele genommen, zerstört, geschliffen wurden.

Ralbitz, wie es die deutsche Straßenkarte nennt, liegt auf halber Strecke zwischen Bautzen und Lessings Geburtsstadt Kamenz und macht nicht viel Aufhebens von sich. Nur der Friedhof ist berühmt, aus allen sechs Dörfern der Kirchengemeinde werden die Toten gebracht, die hier für fünfundzwanzig Jahre ihre Ruhe haben möchten. Der Friedhof wird in einer Art Zweifelderwirtschaft bestellt. Fünfundzwanzig Jahre lang legt man alle Verstorbenen in die eine der beiden Wiesen, dann ist die andere dran, und inzwischen werden die Kreuze der einen Wiese entfernt und die Gräber begradigt. Dann überwächst Gras die Narben der Natur und des Gedächtnisses, sodass der Acker bereit ist, die nächste Generation in sich aufzunehmen.

Die Ewigkeit dauert hier nur fünfundzwanzig Jahre, dafür ist sie von vollendetem Ebenmaß. Abgezirkelt genau schließt ein Grab sich an das andere, und keines darf sich ungebührlich hervortun. Schnurgerade sind die Reihen gezogen, jedes Grabkreuz ist aus dem gleichen weiß gestrichenen Holz, sodass der Friedhof, als der wolkenverhangene Vormittag aufriss, von ferne wie ein schlafendes Birkenwäldchen in der Sonne blinkte. Und auf jedem Holzkreuz war in goldenen und schwarzen Lettern derselbe Spruch zu lesen: Oh Herr, gib ihm seine Ruhe! Gerade noch der Name, das Geburts- und Sterbedatum waren einem jeden zugebilligt, dass er sich auch am Ort der befristeten Ewigkeit von den anderen unterscheide. Ob denn der Kommunismus wenigstens hier, auf dem Friedhof von Ralbicy, gesiegt habe, fragte ich die alte Frau, die sich mir in dunkler Tracht vorsichtig wie zielstrebig genähert hatte, die Gießkanne in der Hand und ein so forderndes Lächeln im Gesicht, dass es unhöflich gewesen wäre, sie nicht anzusprechen. »Deswegen ist aus ihm auch nichts geworden, weil er nur für das Jenseits taugt.« Verschmitzt blickte sie unter dem Häubchen hervor, und es war im Moment nicht zu erkennen, ob sie dieses letzte Wort über den Kommunismus abfällig oder anerkennend gemeint hatte, jedenfalls war es, dem Ort gemäß, ein letztes Wort, das sie über ihn gesprochen hatte, und immerhin hatte er hier fünfundvierzig Jahre lang geherrscht, als wäre es für eine andere Ewigkeit gewesen. Auf dem ganzen Friedhof konnte ich keine Grabplatte entdecken, und ich wollte von der schlagfertigen Frau den Grund dafür erfahren. »Das hat mich schon einmal einer gefragt, ein Evangelischer von oben, aus der Niederlausitz, der uns ein wenig ärgern wollte. Dem habe ich gesagt: Der Mensch muss ein Leben lang schwer genug tragen, dann soll er nicht im Tod noch einen Stein auf dem Haupt haben.« Damit war die Unterhaltung, die sie selbst gesucht hatte, für sie schon fast wieder beendet. Auch ohne dass sie mich nach meinem Herkommen und Ziel gefragt hatte, fügte sie nur noch hinzu, dass dies ein sorbischer Friedhof sei, obwohl auch mancher Deutsche hier liege.

Tatsächlich waren die Kreuze fast allesamt sorbisch beschrieben. Jeder Sorbe hat zwei Familiennamen, einen deutschen und einen sorbischen. Den deutschen hat er im Pass und braucht er für das Amt und die Obrigkeit. Den sorbischen trägt er im Alltag und auf seinem Grabstein (und, wenn er Dichter ist, auf dem Umschlag seiner Bücher). Niemals würde ein Sorbe in seinem Dorf anders als mit seinem sorbischen Namen angesprochen werden, aber wenn er sein Kind zur Schule anmelden geht, muss er es auf Deutsch tun. Diese Lenka Rjelcec, deren Name auf dem dritten Kreuz links in der ersten Reihe stand, hatte amtlich Elisabeth Rönschke geheißen, und der Jan Młynk, der am 6. Oktober 1997 im Alter von dreiundsechzig Jahren verstarb, hatte in seinem Pass Hans Müller stehen, obwohl ihn sein Lebtag lang nie jemand so genannt hätte, der ihn kannte. Dass sie sich amtlich deutsch zu geben haben, ist den Sorben über die Generationen ins Blut übergegangen, keinen Einzigen von ihnen traf ich, der es überhaupt noch seltsam fand. Sie haben zwei Namen, und das geht schon ein paar Jahrhunderte so.

2

Im Jahr 805 der christlichen Zeitrechnung suchte Karl der Große dem schändlichen Heidentum in Sachsen ein Ende zu bereiten. Sein ganzes Heer bot er auf, um gegen die zwanzig slawischen Stämme zu ziehen, die dort siedelten, noch immer ihren frevlerischen Riten huldigten und sich unchristlich weigerten, den Tribut zu entrichten. Der Ansturm der christlichen Reiter war erfolgreich, fielen ihm doch neunzehn der zwanzig Stämme zum Opfer. Einer hielt sich, und ihm zur Abwehr schuf der pacificus imperator, der Friedenskaiser des Abendlandes, den Limes Sorbicus, die befestigte Grenze, die von Magdeburg nach Regensburg reichte. Später wurde auch dieser zwanzigste Stamm besiegt, und seither ist er so oft besiegt worden, dass es ein Wunder ist, dass es immer noch Menschen gibt, die sich als Sorben bezeichnen und von ihren Nachbarn als Sorben respektiert werden möchten.

Tausendzweihundert Jahre lang sind die Sorben von wechselnden Herren der Region drangsaliert worden. Bald wurde ihnen die Sprache verboten, bald der Schulbesuch untersagt, einmal ein despotischer Fürst, dann ein habgieriger Bischof vorgesetzt. Doch die Wenden, wie sie auch genannt wurden, haben sich gegen alle Drangsal und auch wider die Lockungen der Assimilation behauptet. Wenn ihnen die Obrigkeit nicht mit Feuer und Schwert das Widerspenstige austreiben wollte, dann schickte sie ihre Lehrer und Priester. Die sollten die Schmach, dass sich da, umgeben von Millionen Deutschen, eine kleine slawische Völkerschaft zu halten wusste, auf ihre Weise tilgen. Wer lesen und schreiben lernen wollte im Sorbenland, sollte nur Lehrer finden, die es ihn auf Deutsch zu lehren bereit waren; und wer die frohe Botschaft der Bibel zu hören begehrte, dem verkündeten Pastoren und Pfarrer, die aus frommen Sorben gottesfürchtige Deutsche zu machen hatten. Aber alles fruchtete nichts, weder Gewalt noch weltliche oder geistliche Belehrung: Die Sorben, zäh, eigensinnig bis zur Borniertheit, trotzig, gibt es immer noch. »Glaub auch du, mein Freund: Wir bleiben Sorben!«, so endet das »Sorbische Bekenntnis«, ein flammendes Lied, das in den Achtzigerjahren des 19. Jahrhunderts Jakub Bart-Ćišinski verfasste, ein Kaplan, den es weit aus dem sorbischen Kernland hinausgespült hatte und der mit nationalem Pathos von seiner umbrandeten Völkerinsel sang.

3

Wenige Kilometer von Ralbicy entfernt erhebt sich die Wallfahrtskirche von Rosenthal, eine alte, mächtig über das Land gebietende Kirche, von der es heißt, ohne sie würden der Volksgruppe noch viel schneller die Mitglieder verloren gehen. Jedes Jahr kommen die Prozessionen übers Land gezogen, und wenn die Wallfahrer, die bis weit auf den ummauerten Kirchhof hinausstehen, in inniger Marienfrömmigkeit zu singen beginnen, dann ist in ihrer Anrufung der Mutter Gottes immer auch ihr Schicksal als Sorben gemeint. Das flehentliche »Oh Maria, hilf« hat hier nie bloß die Not des Einzelnen bedeutet, der sich nach Fürsprache vor Gott sehnt, sondern immer auch gemeint: Oh Maria, hilf uns Sorben, schütze uns in unserer nationalen Bedrängnis!

An diesem Wochentag hämmerten im Pfarrhof ein paar Handwerker, die Kirche selber, hell, geräumig und für Besucher, die barock ausgeschmückte und mit goldenem Zierrat angefüllte Kirchen gewohnt sind, geradezu karg ausgestattet, war verlassen. Am Holztischchen vor dem Ausgang, auf dem wie überall in den Kirchen die internationalen Zeitungen der Missionswerke und ein paar regionale Kirchenblättchen ausgebreitet lagen, war auch ein Stoß einer kleinen Broschüre gestapelt, deren Titelblatt das Bildnis eines jungen Mannes zeigte. Der Hintergrund des Bildes und die Kleidung des bartlosen Jünglings gingen in ihrem tiefen Schwarz ineinander über, und aus dieser Dunkelheit leuchtete ein helles Gesicht, das auf seltsame Weise zugleich bäuerisch und entrückt, derb und durchgeistigt anmutete. Ein Bauernsohn, Alojs Andricki, geboren und aufgewachsen im nahen Radwor, zur Schule gegangen im katholischen Seminar von Bautzen, ausgebildet zum Theologen in Paderborn, Primiz mit fünfundzwanzig Jahren in Bautzen/Budysin. An jenem 30. Juli 1939, da der fromme Bauernbub das geistliche Kleid für immer anlegte, waren längst alle sorbischen Vereine verboten und die bedeutendsten Köpfe der Volksgruppe im Zuchthaus oder Konzentrationslager, wie der charismatische Lehrer Pawol Nedo, der die sorbischen Gymnasiasten und Studenten davon überzeugt hatte, dass es sich lohnte, an seiner kleinen Volksgruppe festzuhalten, gerade jetzt, wo die großen Staaten ihre verheerende Geschichte in Europa machten. Dass sie die alten Bräuche vergessen und sich auf Deutsch, nicht in dem grauenhaften slawischen Dialekt unterhalten sollten, war den Sorben oft angeraten worden, und viele, die von ihnen die Selbstaufgabe verlangt hatten, waren dabei mit den schweren Geschützen von Aufklärung, Fortschritt, Brüderlichkeit aufgefahren. Mochten sie den aufgeklärten Absolutismus, das große deutsche Vaterland, die klassenlose Gesellschaft verfechten, gleich war diesen Zuchtmeistern stets, dass sie in der lichten Zukunft, der sie zustrebten, keine Sorben mehr entdecken mochten. Friedrich Engels hatte bei solchen Gelegenheiten, wenn ihm der Freiheitsdrang eines kleinen Volkes gefiel, wohlmeinend von »Nationenblümelein« gesprochen oder, wenn er weniger gut gelaunt über den historischen Prozess nachsann, verächtlich von »Völkerschutt«. Unter Bismarck machten sich dann die Alldeutschen grimmig daran, die »Kulturreaktionäre«, wie sie die Sorben nannten, deutschen Fortschritt zu lehren, und einer ihrer Propagandisten, dem die Endlösung vorschwebte, forderte schon damals, »die Reste des Wendentums ihrem Ende entgegenzuführen«. Damals brachen Heerscharen deutschnational beflügelter Lehrer und Pastoren ins Land, das rückständige Völkchen auf preußischen Vordermann zu bringen. Die Nationalsozialisten schließlich dachten, das jahrhundertealte Ärgernis binnen einer Generation zu beenden. Die intellektuell Biegsamen unter den Wenden sollten, so sie sich einsichtig zeigten, vollständig dem Deutschtum assimiliert oder aber gnadenlos vernichtet werden, während Himmlers Erlässe für das »führerlose Arbeitsvolk« vorsahen, dass es nach dem Krieg zur Sklavenarbeit in den Osten Europas umgesiedelt werde.

Alojs Andricki hielt sich nicht an die Gesetze, die die Nationalsozialisten verordneten, und nicht an das stille Einverständnis mit der Barbarei, das die Kirchenoberen als gottgefällige Demut von den Ihren verlangten. Der Kaplan wurde im Mai 1941 verhaftet, nach dem »Heimtückegesetz« verurteilt und am 15. April 1943 hingerichtet. Seine Briefe aus dem Gefängnis sind schlicht und mutig, zeugen davon, wie standhaft er bei seinen politischen Überzeugungen und wie unangefochten er in seinem religiösen Glauben blieb. Er war neunundzwanzig, als er starb, aber noch immer ist er lebendig in der Gegend, in jeder Familie gibt es einen, der ihn gekannt hat und von ihm zu erzählen weiß, er ist der Heilige aus dem Nachbardorf, vom nächsten Bauernhof, einer von uns, den man, wenn er für ein paar Tage vom Priesterseminar nach Hause gelassen wurde, noch auf dem Feld hat arbeiten gesehen. Jetzt soll er seliggesprochen werden, und vergangenes Jahr, als er seinen Ostergruß in alle Welt schickte, hat sogar der Heilige Vater sich auf Sorbisch an seine treuen Wenden gewandt.

4

An diesem Tag wies uns die Dichterin Róža Domašcyna den Weg über die Dörfer, die zugleich die mythischen Orte ihrer Kindheit waren. Ihr Mann, ein drahtiger, rotblonder Braumeister, hatte uns am Vorabend durch die Bautzener Vorstadt geführt und mit der wortkargen Bestimmtheit, die ihm eigen, die kuriosen Folgen der politischen Wende von 1989 erklärt. Die geschützte Marke »Bautzener Bier« war von einer Privatbrauerei in Oberfranken gekauft worden; dorthin fahren jetzt Brauereiarbeiter aus Bautzen, um weiterhin ihr DDR-Bier herzustellen, ein Bier, dessen Rezeptur viel älter als die DDR war, wochentags wohnen sie zwei und zwei in den engen Zimmern eines Arbeiterheimes, am Wochenende sind sie zu Hause und pflegen die Vorgärten ihrer Einfamilienhäuser und ihre schwieriger werdenden Ehen. Dann trinken sie Bautzener Bier aus Oberfranken, denn die Marke konnte sich in Bayern und Süddeutschland nicht durchsetzen und wird fast ausschließlich im ehemaligen Osten verkauft, ja der Absatz hier steigt sogar, weil sich die Trinkenden, indem sie sich mit ihrem vertrauten Bier anfüllen, auch eine unbestimmte Sehnsucht nach der Vergangenheit erfüllen, und je mehr sie von dem Bier erwischen, umso trotziger wird ihr Rausch. Dabei, sagte der Braumeister mit dem Auflachen, das seine Erklärungen immer wieder kurz unterbrach, aber zugleich mit Akzenten der Bedeutung versah, dabei habe er selbst dieses Bier nie gemocht, aber ihm schmecke Bier ohnehin nicht.

Róža führte uns in Richtung auf Šunow zu, das von den Deutschen Schönau genannt wird. Wie die Menschen haben auch die Orte hier ihre zwei Namen, zumeist wurde der deutsche nicht sinngemäß, sondern lautverwandt dem sorbischen nachgebildet. Das sorbische Sernjany etwa bedeutet vielleicht so viel wie »der Ort, in dem viele Rehe sind«, und wurde mit Zerna für deutsche Ohren lautlich vereinfacht, ohne dass der deutschen Bezeichnung ein erkennbarer Sinn geblieben wäre. Im ältesten Haus von Zerna wurde vor achtundvierzig Jahren Róža Domašcyna geboren, es steht in diesem stillen Ort von einem knappen Dutzend Straßen an einem liebevoll mit Kopfsteinen gepflasterten Weg und wird von einer älteren, alleinstehenden Cousine der Dichterin bewohnt. Als Róža anklopfte, um ihr den Besuch aus Österreich zu zeigen, der von Ralbicy unterwegs nach Šunow war, schaute die Frau in der Schürze erschreckt aus der Tür heraus, ohne das Haus ganz zu verlassen, bedeckte, wenn sie betreten lachte, mit der Hand den Mund, und huschte mit der Einladung, man möge doch in zwei, drei Stunden zum Kuchen wiederkommen, in das Haus zurück. Wiewohl sie die Tür nicht freigab und ihr Wort nicht an die Besucher, nur an ihre Verwandte richtete, wirkte ihr Winken, mit dem sie sich entfernte, keineswegs abweisend, sondern geradezu einladend. Wir standen mit Róža noch ein wenig vor dem leuchtend blau, grün und weiß gestrichenen Haus, und sie erzählte, dass ihre Cousine seit dreißig Jahren in der Kirche die Orgel spiele und kaum je auch nur bis Bautzen gekommen war.

Auch Róža Domašcyna hat natürlich ihre zwei Namen, und als sie noch Bergbauingenieurin war, hieß sie Rosa Domaschke. Im Auto erklärte sie, dass alles noch wesentlich komplizierter war, als es die zwei Sprachen der Region vermuten ließen. Wie in den meisten slawischen Sprachgesellschaften wird auch bei den Sorben der Name der verheirateten Frau von jenem des Mannes abgeleitet, und je nachdem, mit welchem Laut dieser endet, gibt es für die Frau etliche Formen. Hat sie sich etwa für einen Herrn Kleber entschieden, heißt sie künftig Kleberowa, erwählte sie hingegen Herrn Chěžka, heißt sie künftig keineswegs Chěžkowa, sondern vielmehr Chěžcyna, während der Herr Nedo der Gatte von Frau Njedžina ist. Damit nicht genug, haben die Mädchen und unverheirateten Frauen auch ihre eigene Namensform, und solange die Tochter von Petr Krawc und Lubina Krawcowa nicht heiratet, heißt sie Krawcec. Oder deutsch: Schneider, woraus schon hervorgeht, dass es einfacher und fortschrittlicher ist, eine Deutsche zu werden, als eine Sorbin zu bleiben. Vor einigen Jahren hatte eine unverheiratete Schauspielerin des Sorbischen Theaters von Bautzen gegen diese Sprachregelung aufbegehrt, sie wollte es nicht dulden, ihrem Namen jene Endung zugefügt zu bekommen, die einen ähnlich prekären Respekt wie das deutsche »Fräulein« signalisiert. Ihr Widerstand, wiewohl viele ihn substanziell für berechtigt hielten, fand in der sorbischen Volksgruppe dennoch wenig Beifall, weil eine Minderheit, die es gewohnt ist, zäh ihre alten Rechte verteidigen zu müssen, jedwede Änderung beunruhigt.

Wie die meisten Minderheiten haben sich auch die Sorben jahrhundertelang im Trotz der Abschließung geübt; bedrängt, zogen sie sich auf ihre Traditionen, den Kult der eigenen Sitten und Gebräuche zurück. Indem die Minderheit immer nur bewahren zu müssen glaubt, was von alten Zeiten her auf sie gekommen ist, vermag sie zwar ihren

Zusammenhalt zu festigen, doch bleibt sie dadurch auch in einem lähmenden Konservativismus gefangen. Schwer ist es daher für Sorben, die weder an die katholische Kirche noch an die evangelische Gemeinde glauben, deren Macht zu kritisieren, denn das prächtige Zeremoniell der Volkskirche, dieses Aufgebot eines reich entfalteten religiösen Lebens ist doch einer der Pfeiler, auf dem ihre Identität baut. Mag sich auch in der Namensgebung sprachlich ein Herrschaftsverhältnis verfestigt haben, das längst abgebröckelt ist, die Tradition der Benennung bleibt den meisten doch teuer, eben weil in ihr ein Stück sorbischer Geschichte aufbewahrt wird. Jede Minderheit droht im Stolz auf den kleinen Unterschied zu verknöchern und ihrer Identität nur mehr in dem innezuwerden, was bei ihr anders ist; sei es besser anders oder schlechter anders, Hauptsache: auf unsere Weise anders. Noch das Enge, Zwanghafte, Borniert muss dann gehütet werden, nicht weil es eng, zwanghaft, borniert wäre, sondern weil es das Eigene ist, das es in jedem Falle zu bewahren und unbesehen zu verteidigen gilt.

5

Mit »Waldesrauschen« müsste man das sorbische Šunow übersetzen, aber auch das deutsche Schönau klingt hübsch und gereicht dem wenig ansehnlichen Ort zur Ehre. Vor dem ausladenden Bau, in dem drei Generationen zusammenleben, erwartete uns Róžas Mutter, eine Siebzigjährige, die seit dem Tod des Mannes in der schwarz-blauen Tracht der Witwe ging. Sie sprach das Deutsche auf wohlklingend melodiöse Weise und sagte dabei fortwährend solche Sätze:

»Dann haben sie gebaut das Gemeindehaus auf Pfarrers Land.« Oder: »Die Reiter werden kommen zur Osterprozession, ehe es noch Mittag geworden ist am Sonntag.« Sie führte uns in das Haus, das gerade wieder einmal vergrößert wurde, und als sie uns insgeheim gemustert und nicht der Gruppe der Fremden zugeteilt hatte, räumte sie das vorbereitete Geschirr aus dem offenbar kaum benützten, mit Teppichen belegten Wohnzimmer in die Küche zurück, wo ein brachial gefütterter Ofen vor sich hin bullerte und eine enorme Hitze erzeugte. Nachdem sie umständlich Kaffee zubereitet hatte, fragte ich die Frau, was sie denn zu den Gedichten ihrer Tochter sage, die diese nicht nur in Leipzig, sondern auch in Berlin, Amsterdam, Wien und Zürich vorgetragen habe. »Schön sind sie, und wir dürfen schon unseren Stolz auf sie haben. Aber für mich wären die leichteren die besseren.«

Róžas Mutter war 1933 eingeschult worden, und 1937 wurde das Sorbische als Sprache des Unterrichts und der Öffentlichkeit verboten. Darum konnte die Frau in ihrer sorbischen Orthografie bis heute nie sicher werden. »Ich lese es gut, aber ich weiß, ich schreibe es schlecht.« Wer in der Pause sorbisch sprach und vom Lehrer oder Schuldiener ertappt wurde, musste zur Strafe zehn Pfennig zahlen. In der ganzen Klasse hatte es fünfundvierzig Kinder gegeben, von denen fast vierzig Sorbisch als Muttersprache hatten und untereinander beim Spielen, auf dem Schulweg, in der Klasse nie anders als sorbisch gesprochen hatten. Wenn einem der Kinder in der Schulstunde jetzt ein Wort in seiner Muttersprache entkam, musste es bis zum nächsten Tag in Schönschrift einhundert Mal schreiben: »Ich soll nicht wendisch sprechen.«

Während wir Kaffee tranken, den vorbereiteten Kuchen aßen und der Ofen stoßweise Hitzewellen durch den Küchendunst schob, betrat Róžas Schwager den Raum, der Mann ihrer Schwester. Bis zur Wende hatte er in der LPG gearbeitet, in der Landwirtschaftlichen Produktionsgenossenschaft, danach sich als selbstständiger Bauer versucht, aber der Boden, den die alten Besitzer zurückbekommen hatten, reichte nicht mehr aus, eine Familie zu erhalten. Als ihm ein Posten als Chauffeur angeboten wurde, griff er zu, jetzt war er gerade von einer Busreise durch Frankreich zurück. Der Jüngste seiner drei Söhne, ein Schüler mit kurzem Haar, schwachem Flaum und der Verschlossenheit seiner vierzehn Jahre, kam herein, den Vater zu begrüßen. Er blieb in der größer werdenden Küchenrunde sitzen und war doch wenig begeistert, Rede und Antwort zu stehen. Allerdings bekannte er gerne, nächstes Jahr zum ersten Mal beim Osterritt als Reiter teilnehmen zu dürfen.

Von ihren vielen althergebrachten Riten und Volksfesten sind den Sorben die Osterbräuche mit Abstand die wichtigsten. Wochen vor Ostern schon scheint in jedem Haus, in das man tritt, die halbe Familie von früh bis spät damit beschäftigt, Ostereier auf eine besondere Weise und mittels einer besonderen Technik zu bemalen; und wer ein Mann sein will, dem ist es höchste Ehre wie Pflicht, bei jenem Osterritt dabei zu sein, der am Ostersonntag einen stetig anschwellenden Zug prächtig geschmückter Pferde und stolzer Reiter, die in altertümliche schwarze Gehröcke gezwängt sind und Zylinder am Kopf tragen, von Gemeinde zu Gemeinde führt.

»Eigenartig ist es schon, jedes Jahr werden es mehr

Reiter, und jedes Jahr werden wir weniger Sorben«, sagte Rózas Schwager.

»Ja«, sagte die Mutter, »uns gibt es auch nicht mehr ewig.«

»Wie lange noch?«, fragte ich.

»Nicht mehr lange.«

»Und den Osterritt?«

»Viel länger.«

6

Worin besteht das Sorbentum, dem sich so viele über die Jahrhunderte trotz Drangsal und Verfolgung zugehörig fühlten und dem jetzt, da ihnen keine Nachteile mehr drohen, die Leute nach und nach abhanden geraten? Was macht sie aus, die viel besungene Identität? Die Tracht? Die Bräuche? Die Prozessionen? Die Wallfahrt? Die Sprache? Der Wille, sich warum auch immer zu einem bestimmten Volk zu bekennen? Oder war es gar die lange Unterdrückung?

Seit einigen Jahren suchen auch die ostdeutschen Bundesländer Sachsen und Brandenburg, sich als Reiseziele und Fremdenverkehrsgebiete zu präsentieren. In keinem Werbeprospekt fehlen die Sorben, denen erheblicher folkloristischer Reiz zugesprochen wird und die bevorzugt in ihren Trachten abgebildet werden. Die Tracht? Im Alltag sind es nur mehr wenige alte Frauen, die in dieser ungemein streng anmutenden Kleidung stecken, in den schwarzen oder blauen Kleidern und Schürzen, und kaum jemand trägt noch so wie Rózas Mutter von früh bis spät,

im Freien und im Haus das kühne Ungetüm an Kopfbedeckung, das weniger als Kopftuch denn als straff ge-
zogener Druckverband mit draufgesetzter Haube wirkt,
die Haare vollständig verbirgt und sich auf verwegen un-
praktische Weise in schmetterlingsartige Seitenflügel zu
den Schultern hin gabelt. Die feinere, helle, aus bestem
Tuch und weißer Seide gemachte Festtagstracht wird zwar
zu Ostern und zu den anderen Volksfesten im Kreislauf
des Kirchenjahres aus dem Kasten geholt. Aber selbst die
schönste dieser Trachten, das weiße, an der Brust reich ver-
zierte Kleid, das die Mädchen zur Fronleichnamsprozes-
sion, Erstkommunion oder Firmung anziehen, wird von
jenen älteren Mädchen, die nicht nur die dörfliche Blas-
musik, sondern auch Rock und Rap schätzen, nicht mehr
so gerne angezogen.

Die Bräuche? Es stimmt schon, Tausende nehmen am
Osterritt teil, als würdig übers Land ziehende Reiter, die
es sich etwas kosten lassen, für diesen Anlass ein reich ge-
schmücktes Pferd von den florierenden Gestüten zu lei-
hen. Zwischen den Kirchengemeinden Wittichenau/
Kulow und Ralbitz/Ralbicy findet der Osterritt immerhin seit 1540 statt, in ununterbrochener Folge selbst über
Jahre der Kriege, Verfolgung, Not hinweg. Die Wurzeln
des Brauches führen in die vorchristliche Zeit zurück, als
die bösen Geister verscheucht und die Saaten dadurch ge-
schützt werden sollten, dass die Felder in einem rituellen
Ritt umrundet wurden. Der christianisierte, alsbald in eine
nationale Liturgie verwandelte Brauch ist den Sorben hei-
lig. Nichts darf die Teilnahme am Osterritt verhindern,
und gibt es in einer Familie einen Trauerfall zu beklagen,
dann trägt das Pferd eine schwarze Schleife am Schweif,

der trauernde Hinterbliebene aber sitzt hoch zu Ross und reiht sich ein in den Zug der Reitenden wie all die Jahre zuvor. Novizen tragen bei ihrem ersten Ritt ein Myrtenkränzchen, die erfahrensten Prozessionsreiter dürfen sich mit einer weithin sichtbaren Plakette schmücken, die zeigt, wie oft sie schon am Osterritt teilgenommen haben. Wem es gar fünfzig Mal gelungen ist, der trägt stolz seine Plakette in Gold. In der DDR war der uralte Brauch nicht verboten gewesen, aber die Zwangskollektivierung der Landwirtschaft hatte den Bestand an Pferden so drastisch reduziert, dass viele, die mitreiten wollten, entweder kein eigenes Pferd mehr hatten oder aber keines in der Umgebung auftreiben konnten.

In manchem Kindergarten wird noch heute am 25. Januar die »Vogelhochzeit« gefeiert, ein Brauch, in dem sich ein martialisches heidnisches Sühneopfer, bei dem den Ahnen Tiere geopfert und Speisen dargebracht wurden, in ein munteres Fest mit Geschenken für Kinder abgemildert hat. Selbst das nicht ganz so sanftmütige »Hahnrupfen«, bei dem die heiratsfähigen Burschen sich durch das Geschick, reitend einem Hahn, der auf einem hohen Querbalken hängt, den Kopf abzureißen, einen Tanz mit dem Mädchen ihres Begehrens sichern können, ist noch weit verbreitet. Aber das alles ist Brauchtum, das unaufhaltsam dabei ist, in Folklore abzusinken, und wie beim »Maibaumaufstellen« in den Alpenländern, das die Sorben auch kennen, mag es für Beteiligte und Zuseher noch lange ein Spaß sein, aber als identitätsstiftendes Erlebnis der Gemeinschaft taugt es nicht mehr viel. Schon hört man, dass manchenorts die deutschen Nachbarn der Sorben sich am Osterritt beteiligen, und das stimmt viele Sorben stolz und bedenklich zugleich. Was wird mit dem Osterritt werden, wenn er kein sorbischer Osterritt mehr ist? Schlimmer: Was wird aus den Sorben, wenn es keine Bräuche mehr gibt, die nur ihnen gehören?

Tracht, Brauchtum – die Wallfahrten vielleicht? Jedes Jahr sind es weit über tausend, die nach Rosenthal ziehen, und viele sind darunter, die sich der katholischen Kirche ansonsten nicht mehr sehr innig verbunden fühlen. Einige städtische Sorben aus Bautzen, denen die bäuerliche Volkskirche fremd geworden ist, erzählten mir, dass die Wallfahrt nach Rosenthal/Rózant in ihnen immer noch eine Saite zum Klingen zu bringen vermag, die ansonsten das Jahr über kaum einmal mehr angeschlagen wird. Diese Wallfahrt ist ein großes Gemeinschaftserlebnis, doch war sie stets eine Gnadenwallfahrt, bei der die Gottesmutter um Beistand angefleht wurde, und so ist sie stark auf ein leidendes Sorbentum bezogen, auf eine Gemeinschaft, die ihre Sprache nicht sprechen, ihre Namen nicht tragen, ihre Traditionen nicht öffentlich pflegen durfte. Zu Zeiten der DDR, die diese jahrhundertelangen Beschränkungen aufgehoben und den Sorben den Status einer Minderheit zugebilligt hatte, gab es immerhin noch den religiösen Aspekt, den Widerstand gegen ein gottloses, kirchenfeindliches Regime, der die nationale Passionsgeschichte befeuern konnte. Aber heute? Die grobe Behandlung ist milder Förderung gewichen, eine »Stiftung für das sorbische Volk« lässt Gelder ins Sorbenland fließen, wer in die Kirche gehen und sorbisch beten mag, soll gehen und beten, und wenn er sich in Heimatpflege übt und am besten alle Tage in Festtagstracht unterwegs ist, kann es dem Tourismusbeauftragten nur recht sein.

Die Geometrie der Toten, Ralbicy/Ralbitz

Gründete das Sorbentum am Ende in der Bedrohung, der eine Gruppe von Menschen schon durch ihre Herkunft ausgesetzt war? Dass sie als nationale Gemeinschaft so lange überlebt haben, hängt tatsächlich mit dem Zwang zusammen, dass sie sich gegenüber der großen Nation, in der sie nahezu eingekapselt siedelten, dass sie sich gegenüber den Deutschen, von denen ein gewaltiger Druck der Germanisierung ausging, zu behaupten hatten. Je kälter sie die deutsche Vormacht erlebten, umso inniger schlossen sie sich in ihre wärmende, kleine Gemeinschaft ein und nach außen ab. Jetzt, da ihre nationalen Rechte verbrieft sind, sind sie nicht mehr dem Druck der Germanisierung, sondern dem Sog der Assimilation ausgesetzt. Dem Druck vermochten sie lange standzuhalten, fast schon auf rätselhafte Weise; dem Sog, fürchten viele, werden sie rasch erliegen.

7

Bleibt noch die Sprache – ist sie das Sorbische an den Sorben? Macht sie die Sorben zu dem, was sie sind, was sie sein wollen? Das Sorbische zählt zur westslawischen Sprachengruppe, ist innerhalb dieser autonom, kein Dialekt, sondern eine voll ausgeprägte Sprache mit eigenem grammatischem System und reichem Wortschatz. Große Völker leisten sich selten den Luxus der kleinen, und so haben sich wie die Aromunen, Samen, Albaner auch die Sorben noch nicht auf eine verbindliche Sprachform verständigt. Die zwei schriftsprachlichen Fassungen, die das Sorbische gefunden hat, weichen voneinander erheblich ab, wobei das Obersorbische, wie es im Süden gesprochen wird, dem Tschechischen verwandt ist, das schon erheblich dezimierte Niedersorbische des Nordens hingegen dem Polnischen. Auf geradezu religiöse Weise haben die Dichter über die Jahrhunderte das Hohelied der sorbischen Sprache gesungen. In der Bedrückung war sie die einzige Heimat der Menschen, gegen die Lüge, die über die Obrigkeit wie die Untertanen herrschte, blieb sie die unzerstörbare Wahrheit; in der seelenlosen Welt, aus der die Wunder verschwunden waren, barg sie das Geheimnis, und wo die Genüsse ins Leere drängten, dort war sie das letzte Heiligtum.

Über die Jahrhunderte war die sorbische Sprache natürlich vor allem von der bedrängenden Nachbarschaft der deutschen bedroht, und die Dichtung der Sorben hatte stets etwas Beschwörendes, mit dem ein Volk aufgerufen wurde, sich nicht von der gemeinsamen Mutter, der Sprache, zu entfernen. Dabei ist die sorbische Geschichte tausend Jahre lang keineswegs nur unglückselig mit der deutschen verbunden gewesen. Tatsächlich haben die Sorben immer wieder auch befreiende Anregungen, folgenreiche Anstöße von Deutschland empfangen. Die panslawische Begeisterung des 19. Jahrhunderts bebte zwar auch bei ihnen nach, aber wie sie das kulturelle Selbstbewusstsein der Sorben stärkte, hat sie doch zugleich nur wenige politische Folgen gezeitigt. Kaum je haben sie versucht, eine staatliche Existenz außerhalb Deutschlands zu finden. 1918 und 1945, jeweils nach furchtbaren Jahren, in denen ihnen die nationale Identität schikanös bestritten wurde, gab es allerdings Bestrebungen, die Lausitz staatlich einem slawischen Brudervolk, den Tschechen und

Slowaken, anzugliedern. 1945 wurde von manchen Politikern eine gezielte Ehepolitik betrieben, die den staatlichen Zusammenschluss mit der Tschechoslowakei in den privaten Liebesverhältnissen vorwegnehmen sollte. Sorbische Bauerntöchter sollten an tschechische Proletarier, mährische Mädchen an sorbische Recken vermittelt werden. Nimmt man die Existenz als Nation zum Maß der Dinge, dann war es für die Sorben gewiss ein Segen, dass jener Plan, die Lausitz der Tschechoslowakei zu verbinden, nicht verwirklicht wurde. Der verwandten tschechischen Sprache wäre die sorbische schon binnen einer Generation erlegen, und heute gälte sie allenfalls noch als Bauerndialekt, der in Küche und Stall verwendet wird.

Weil es nicht so kam, vermochte sich das Sorbische nach 1945 zu halten. Freilich sind es nur mehr rund sechzigtausend, die sich den Sorben zurechnen, und selbst eine Schulpolitik, die den Unterricht in der Muttersprache ermöglicht und auch sorbische Gymnasien betreibt, kann den allmählichen Schwund des Sorbischen kaum mehr aufhalten. Während die Fähigkeit, sich über alle Dinge des Alltags und auch des modernen Lebens auf Sorbisch zu unterhalten, auch bei jenen Menschen abnimmt, die sich selber noch als Sorben fühlen, blüht die Literatur zu einer späten Reife auf, die bemerkenswert ist. Kito Lorenc, der eine ganze Generation von Autoren auf ihren Weg brachte, war einer der Ersten, der versuchte, die poetische Sprache von jenem Konservativismus zu befreien, in den sie seit den großen Sprachschöpfern des 19. Jahrhunderts, die das Sorbische tauglich machten, die Dinge literarisch nuanciert auszudrücken, geraten war. Es ist eine eigenartige Sprache, die die zeitgenössische Dichtung schafft,

denn sie hat sich von jener kräftigen, in ihren Ausdrucks-
formen aber begrenzten Volkssprache entfernt, deren vor-
nehmstes Ziel es war, für möglichst alles, was auf Deutsch
gesagt werden konnte, eine sorbische Entsprechung zu
finden. Vielmehr entsteht hier geradezu eine »Drittspra-
che«, wie Róža Domašcyna sie nannte, die zwischen dem
Deutschen und dem Sorbischen sich frei hin- und her-
bewegt, von einer Strophe zur anderen die Nationalität
wechselt oder Wörter, grammatische Formen, syntaktische
Möglichkeiten von der einen Sprache in die andere hinü-
bernimmt, ehe sie den Austausch in die entgegengesetzte
Richtung erprobt.

Die alltägliche Nähe einer anderen Sprache wird so
endlich nicht mehr als Bedrohung erfahren, sondern als
Chance; die uralte, nicht unberechtigte Angst, germanisiert zu werden, löst sich in die Erleichterung, dass man
Sorbe und Deutscher sein, auf Sorbisch und auf Deutsch
denken, sprechen, dichten kann. Der wohl erfolgreichste
sorbische Schrifsteller dieses Jahrhunderts, der 1916 geborene, in der DDR häufig ausgezeichnete und bisweilen ge-
maßregelte Jurij Brežan erlebte seine gedoppelte Identität
als Deutscher und Sorbe noch geradezu verzweifelt: »Ich
bin an Deutschland mehr als nur gebunden: eingewach-
sen, verwachsen und keine Lösung möglich, es sei denn,
ich zerschnitte mich selbst.« Die Jüngeren empfinden es
weniger gewaltsam: Zweifache Zugehörigkeit und zweifache Fremdheit bietet auch doppelt so viele Möglichkeiten,
sich zu entfalten und zu scheitern.

8

Die Leiterin der Stadtbibliothek Bautzen erwies sich als hilfsbereite Dame. Die Bibliothek war 1596 gegründet, aber schon vier Jahrzehnte später im Dreißigjährigen Krieg von Wallenstein in Brand geschossen worden. In den folgenden vierhundert Jahren sammelten sich zweihundertfünfzigtausend Bände an, darunter etliche kostbare Handschriften und Wiegendrucke. Im Keller des prächtigen Bautzener Landhauses, am Fuße der Ortenburg, führte uns Frau Wünsche in das Gewölbe, das die Schätze der Bibliothek birgt. Resolut die Geschichte des Hauses und des Lausitzer Bibliothekswesens referierend, geflissentlich bemüht, auf jede Frage der Besucher einzugehen, schleppte sie alte Atlanten herbei, die die Region und die Welt zeigten, wie sich die Kirche des 15. Jahrhunderts die Welt vorstellte, also jedenfalls immer mit Jerusalem in deren Mitte; frühe, wohlornamentierte Bibeldrucke, juristische und naturwissenschaftliche Folianten, von denen ein Schleier aus Staub aufschwebte, als sie auf den Tisch gelegt wurden, eine wunderliche Handschrift aus dem 14. Jahrhundert von Thomas von Stitny, betitelt »Theologisch-philosophische Betrachtungen. Gespräche eines Vaters mit seinen Söhnen«. Und dann hob sie mit ehrfürchtiger Bedachtsamkeit zwei an den Ecken eingerissene, mäßig stockfleckige Briefe von Martin Luther aus einer Mappe, die mit ein wenig Geduld passabel zu entziffern waren.

Nachdem sie uns alle Kostbarkeiten gezeigt hatte, brachte sie uns nach oben, wo der Festsaal der Bücherei schon restlos voll war, die Stunde, da die Lesung beginnen

sollte, war gekommen. Ich bedankte mich bei der Bibliothekarin und schloss die Frage an, ob ich den einen Brief
von Luther, den sie mir gegeben habe, denn wirklich mitnehmen dürfe? Die Dame erbleichte, schreckliche Sekunden lang war es totenstill, der wenig anspruchsvolle
Witz, der keinen höheren Ehrgeiz hatte, als die Förm-
lichkeit des Abschieds aufzubrechen, war nicht als solcher
erkannt worden. Zwischen aufkommender Verzweiflung
und schlichtem Unverständnis starrte die Bibliothekarin
von einem zum anderen, bis endlich einer unserer sorbischen Begleiter zu lachen anfing, und alsbald wieherte die
ganze Runde lauthals über einen Scherz, der mit einem
allgemeinen Schmunzeln schon hochzufrieden gewesen
wäre, begeistert vor Erleichterung lachten alle hochroten
Kopfes, den Luther-Brief, mitnehmen, nach Salzburg!,
und Frau Wünsche freute sich so sehr, dass sie glucksend
und kichernd mit der ausgelassenen Schar ihrer Gäste in
den Festsaal trat, in dem die Besucher in erwartungsvol-
ler Stille auf die Lesung gewartet hatten und sich nun be-
fremdet dem rätselhaften Auftritt einer Lachgesellschaft
gegenübersahen.

Frau Wünsche, die deutsche Bibliothekarin, hatte nach-
drücklich auf die vielen Bücher sorbischer Gelehrter hingewiesen, die im Gewölbe der Bücherei gelagert werden.
Die freiesten Geister der Sorben waren immer schon welt-
offen und patriotisch gewesen. Die großen Gelehrten des
Humanismus, der Reformation, der Aufklärung waren
leidenschaftliche Verteidiger ihres sorbischen Volkes und
zugleich mehrsprachige Intellektuelle, die nicht nur in
der Lausitz zu Hause waren. Sie forderten das Menschen-
gemäße und erlitten oft das Schlimme, das Menschen

Menschen anzutun vermögen. Jan Rak, der mit Luther, Konrad Celtis, Ulrich von Hutten Briefe wechselte, ein erstes Gymnasium in Cottbus, die Universitas Serborum, gründete, wurde aus seiner Heimat vertrieben und verabschiedete sich von seinen Schülern, indem er sie bat, für die Freiheit auch Exil und Unbill auf sich zu nehmen: »Wenn man euch aber in dieser Stadt hier verfolgt, dann flieht in eine andere. Ich werde nämlich durchaus nicht wegen einer angestammten Geistesschwäche oder wegen eines schändlichen Charakters gezwungen, von hier wegzugehen (dessen verleumden diese Heuchler alle Poeten).« Jan Bok, 1569 in Vetschau geboren, vom habsburgischen Kaiser Rudolf II. in Prag zum Poeta laureatus gekrönt, sprach sieben Sprachen, worunter er die eigene, die sorbische, als die »sarmatische« bezeichnete, und galt als einer der bedeutendsten Gelehrten seiner Zeit; als Spion verleumdet, wurde er vom Kaiser in düstere Festungshaft gesteckt, wo er seine »Olympias Carceraria« schrieb, darunter das »Sterbelied eines unschuldig zum tod verurtheilten«: »Ich weiß ich bins der erste nicht/Werd auch nicht sein der letzte/Ubr den man das weiß stäbel bricht/Sich nichts darwieder setzte.« Jan Boguwĕr Rychtaŕ, ein evangelischer Geistlicher, der Pietismus mit Aufklärung verband und an die eigentümlichsten Details der sorbischen Geschichte erinnerte, etwa an die Rechenmethode der alten Wenden, die nach einem nur bei ihnen bekannten Zwanziger-System zählten, wurde 1765 von dogmatischen Studenten in Frankfurt an der Oder erschlagen.

Anderen erging es besser. Hadam Bohachwal Šerach, ein Pastor, gilt als Begründer der neuzeitlichen Bienenforschung. Sein Ruf war so groß, dass aus ganz Europa die

Fachleute zu ihm reisten und seine Methode der Imkerei in alle Länder trugen. Šerach war ein nationalbewusster Sorbe, der 1755 eine aufwühlende »Schutzschrift für die alten Slaven und Wenden« veröffentlichte, die zum Vorbild vieler ähnlich gearteter Publikationen wurde. Gleichwohl hatte er auch nichts dagegen, als Deutscher angesehen zu werden, und unter dem Namen Schirach wird er noch heute als bedeutender deutscher Forscher genannt, der mit seinem Satz »Die Biene singt und spricht« am Anfang einer wissenschaftlichen Entwicklung stand, die den ungemein komplexen Vorgang der Verständigung von Bienen-Völkern aufdecken würde.

9

Westwärts von Bautzen hatten wir das katholische Hügelland der Sorben durchquert, in dem die Leute auf den Dorfstraßen noch sorbisch sprechen. Hat man die letzten Türme von Bautzen hingegen in nördlicher oder östlicher Richtung hinter sich gelassen, findet man sich unvermittelt in einer ganz anderen Landschaft wieder, in der Heide. In erschreckendem Wechsel geht es jetzt durch idyllische Dörfer und auf Generationen hin ruiniertes Land, durch geschützte Natur und ausgeweidete Gebiete. Kaum ist man aus einem Dorf, das wie vergessen von der Zeit dahockt, wieder hinaus, tun sich die Krater auf, die das Kombinat Schwarze Pumpe in die Erde gerissen hat. Denn die Heide ist Braunkohlerevier, und unter den jahrhundertealten Dörfern liegt die billige, die kostbare Energie.

Ein halbes Hundert Lausitzer Dörfer haben die Wirtschaftsstrategen der DDR schleifen lassen, weil just unter den alten sorbischen Häusern die Kohle wie zum Greifen nah war. Und für den Aufbau des ersten deutschen Arbeiter-und-Bauern-Staates musste halt ein jeder sein Opfer bringen, erst recht die sorbischen Bauern, die aus ihren Dörfern, von ihren Feldern vertrieben wurden und dann als Arbeiter im Kohlekombinat Anstellung fanden. Zwei Wellen von Selbstmorden waren nach 1945 durch die Lausitz gegangen. In den Fünfzigerjahren zogen es nicht wenige Bauern vor, sich im Brunnen zu ertränken, als aus der Stadt die singenden Brigaden der Jungkommunisten kamen, um die Zwangskollektivierung symbolisch zu besiegeln; damals wurden Höfe, die Jahrhunderte in Familienbesitz gewesen waren und den Leuten kargen Wohlstand beschert hatten, mitsamt dem Viehbestand eingezogen und verstaatlicht. Später erhängten sich Bauern in jedem Ort, in den die Planungsingenieure die Lastwägen, Soldaten und Planierraupen schickten. Die Häuser wurden geräumt, das Hab und Gut auf Lastwagen verfrachtet, und los ging es mit ganzen Dorfgemeinschaften in aus dem Boden gestampfte Viertel der Städte, selbstredend mit bester Infrastruktur, Ganztageskindergarten, Sportanlage, Kulturhaus. Auf diese Weise sind Tausende sorbische Bauern zugleich proletarisiert und germanisiert worden, ihre entwurzelten Nachkommen wohnen heute in den Trabantensiedlungen von Hoyerswerda und möchten, dass in Deutschland nur Platz für Deutsche und nicht für Ausländerpack und Asylschwindler sei. Vor dreißig, vierzig Jahren, als im Wahn realitätsfremder Fünfjahrespläne die Schwerindustrie hochgezogen wurde, ist nicht nur das ökologische Gleichgewicht der Region gnadenlos zerstört, sondern auch das Sorbentum außerhalb seines engen katholischen Kerngebiets schwer getroffen worden. Denn wo sie ihre Höfe, Dörfer, ihr angestammtes Siedlungsgebiet verlassen mussten, dort haben sich die Sorben rasch germanisiert. Was vom Alltagsgerät als besonders typisch für ihre traditionelle Lebensweise galt, das wurde von den Kulturfunktionären aus den zum Abriss bestimmten Häusern geholt und fand sich dann in jenen pädagogisch wohlgestalteten Heimatmuseen wieder, die der DDR als Beleg für ihre vorurteilsfreie, minderheitenfreundliche Politik dienten.

Dabei geschah es gerade in der DDR, dass die Sorben zum ersten Mal in ihrer Geschichte als nationale Minderheit anerkannt und in ihrem Brauchtum gefördert wurden. Doch was ihnen an finanziellen Mitteln zur kulturellen Selbstdarstellung gegeben wurde, das wurde ihnen an realer Grundlage ihrer Existenz von den Kombinaten wieder genommen. Wohlgelitten waren sie in der DDR vor allem dann, wenn sie die Toleranz des Systems durch Auftritte eines farbenprächtigen, doch harmlosen Folklorismus zu erweisen hatten. Wo sie mehr verlangten, dort wurden sie rasch als reaktionäre Nationalisten gebrandmarkt. Damals begann der sorbische Autor Jurij Koch, in düsteren Reportagen die Verwüstung der Lausitz zu beschreiben. Früh hat er den Zusammenhang von Umweltschutz und nationalem Widerstand erkannt. Denn wie der gigantische Tagebau sich unter der Lausitz geradezu durchfraß, das Land aushöhlte, die Wiesen versteppte, die Tiere vertrieb, so musste er die Sorben auch in ihrer Existenz als Nationalität gefährden.

Nah sind in der Heidelandschaft Schönheit und Verwüstung beieinander, hinter den Giebeln verwunschener
Holzhäuser ragen in der Ferne die riesigen Eimerketten-
bagger des Tagebaus. Gleich hinter vielgestaltiger Kulturlandschaft beginnt die Steppe, gähnen kilometerlang die
tiefen Löcher der Abraumhalden. Nichts Grünes, Blühen-
des ist dann mehr zu sehen, so weit das Auge reicht: nur
Sand, Öde, Krater. Boxberg, Reichwalde, Nochten, diese
Mondlandschaften, die der Tagebau ins Land riss, sind
nahe bei Schleife, Rohne, Mulkwitz, alten Dörfern, die
sich wie aus märchenhafter Vorzeit erhalten haben.

10

Jürgen Matschie erwartete uns nah dem Zentrum von
Bautzen beim Serbski Dom, dem Sorbischen Haus, in dem
die Domowina, der Dachverband aller sorbischen Vereine,
ihren Sitz hat. Ein mittelgroßer Mann von fünfundvierzig
Jahren, mit kantigem Gesicht, schütter werdendem Haar,
hat er spöttische Augen und eine wache Aufmerksamkeit,
die ihm hilft, auf sein Gegenüber einzugehen und doch
nicht zu vergessen, was er selber hatte sagen und betreiben wollen. Früher, erzählte er, als die Kombinate noch
aus voller Kraft und allen Schloten für den Sieg des Sozialismus arbeiteten, war der Schnee im Winter schwarz.
Auf den Feldern lag schwarzer Schnee, die Kinder bauten
Schneemänner, denen sie keine Augen aus Kohle einzu-
setzen brauchten, weil die selber schon aus Ruß und Kohle
waren. Die Frauen wagten die Wäsche nur bei günstigen
Windverhältnissen draußen aufzuhängen, und wenn der

Wind sich drehte, konnten sie sie schwarz überrußt von der Leine nehmen. Damals arbeiteten allein im Kombinat Schwarze Pumpe fast zwanzigtausend Menschen, klassenbewusste Proletarier, eine durchaus privilegierte Vorhut der Arbeiterklasse.

Als wir vor dem großen toten Loch standen, das vom Tagebau Boxberg übrig geblieben war, hielt Matschie sich mit Erklärungen eine Zeit lang zurück. Als Fotograf, der die gesamte Lausitz erkundet, altes Brauchtum und neue Industrie festgehalten hat, wusste er, wie sprachlos das Entsetzen ist, das den befällt, der zum ersten Mal in einer solchen apokalyptischen Landschaft um sich blickt. Ein Loch von einigen Kilometern Länge und etlichen Hundert Metern Breite tat sich vor uns auf. Zuseiten des Loches waren mächtige Bergketten aus Sand angehäuft, die sich in bizarren Formen durch das Land zogen. Das ganze Gelände war menschenverlassen, vegetationslos, von ockerer Öde, Inbild eines von langer Hand geplanten und diszipliniert durchgezogenen Desasters. Mehrere Dörfer mussten geschleift werden, Abertausende Quadratmeter fruchtbarer Felder wurden zerstört, dass hier für genau zehn Jahre ein Raubbau betrieben werden konnte, den man dem Land noch hundert Jahre ansehen wird. Nach zehn Jahren war der Boden ausgeweidet, alle Kohle aus der Erde geholt, und die Hälfte der Energie, die so gewonnen wurde, hatte das Werk selber verbraucht, um sie zu gewinnen.

Nicht weit entfernt von Boxberg ragten die Sandberge von Reichwalde auf, hinter denen sich ein größeres Loch als das von Boxberg auftat. Da und dort wuchs an den Rändern der Sanddünen, zu denen das für den Tagebau weggekarrte Erdreich aufgeschüttet wurde, eine struppige

Vegetation. Eine Natur, von der keiner weiß, wie sie sich entwickeln wird, gewinnt das Gelände zurück, das ihr für kurze Frist und lange Folgen entzogen worden war. Noch ein Stück weiter liegt das Revier Nochten, das noch nicht seinen gesamten Vorrat an Kohle hergegeben hat. Nirgends sah ich größere Maschinen als hier, nur die Kräne der Werften von Rotterdam reichen an jene Monster heran, die für den Tagebau entwickelt wurden. Der Tagebau beginnt mit einem Plan, den die Strategen zeichnen und in dem die Dörfer, die auf dem Boden stehen, der aufgeschlitzt werden muss, noch vorhanden sind. Wenn die Schleifung der Dörfer gelungen ist, können die stählernen Raupen die Humusschicht beiseiteschieben, sie ziehen der Erde den ersten halben Meter ab. Dann kommen Eimerketten-bagger, Kräne, kilometerlange Bandanlagen. Mit langen, schmalen Stahlarmen wird die Erde zehn, zwanzig Me-ter tief aufgerissen und alles Erdreich längs des Kraters, der sich immer länger, breiter, tiefer bildet, aufgeschüttet. Schon sind die Pumpen am Werk, die das Grundwasser fortspülen, in die Zuflüsse der Spree, die nach Nordwesten fließt. Nirgendwo in Deutschland brennen die Wälder so oft wie im Kohlerevier der Lausitz. Der Boden ist auch dort ausgetrocknet, wo noch Bäume auf ihm stehen, und eine dünne Haut von Kohlestaub ist auf ihn gesunken, der sich leicht entzündet. Das Grundwasser ist dem Boden groß-flächig entzogen worden, weil der Abbau der Kohle erst beginnen kann, wenn kein Grundwasser mehr in die Kra-ter nachgeflossen kommt. »Wenn der Tagebau hier end-gültig eingestellt werden muss«, sagte Jürgen Matschie, »dann werden die in Berlin merken, dass die Spree schon lange nur mehr geflossen ist, weil ihr das Grundwasser der Lausitz zugeführt wurde. Dann sitzen sie in Berlin auf dem Trockenen.«

Einige Wochen später, nachdem ich schon wieder nach Salzburg zurückgekehrt war, schickte mir Jürgen Matschie einen Brief, in dem auch ein Ausriss der Sächsischen Zeitung lag, die von einem Unglück berichtete. Drei Autos waren verschwunden, sie hatten am unverdächtigen Rand einer stillgelegten Kiesgrube, die geflutet und als kleiner Badesee genützt wurde, geparkt. Ein hundert Meter langes, bewaldetes Uferstück hatte sich plötzlich gelöst und war in den See gerutscht. Solche Erdabgänge sind im Kohlerevier häufig. Das halbe Land ist ausgehöhlt; wenn das Grundwasser, das weggepumpt wurde, zurückkehrt, beginnen Hügel und Dünen, sich zu bewegen, zuerst unbemerkt und unter der Oberfläche, dann rutschen sie weg, brechen ein, stürzen in sich zusammen und schlucken, was auf ihnen wuchs und stand, Autos, Häuser, Bäume. »Über die Heide hallet mein Tritt«, hatte Theodor Storm vor langer Zeit über eine andere Heidelandschaft geschrieben, die noch nicht ausgenommen, ausgeschächtet war, »über die Heide hallet mein Tritt, dumpf aus Erde wandert es mit.« In der Lausitz wandert man über brüchigen Boden.

II

Ein paar Autominuten von den großen Abraumhalden entfernt, trafen wir Schleife/Slepo in seinem schönen langen Schlaf. Es war, in dieser stillen Mittagsstunde, als läge seit Menschengedenken ein ewiger Mittag über dem Dorf und der ganzen Schleifer Gegend, die berühmt dafür ist, dass hier die buntesten Trachten getragen werden und sich die Volkskultur in wenigen, miteinander eng verbundenen Gemeinden am lebendigsten erhalten hat. In Schleife betrieb der Publizist und Politiker Jakub Lorenc-Zaleski, dessen Denkmal auf einer kleinen Wiese im Dorfzentrum so nebenhin gestellt ist, als würde da einer auf ewig in der Mittagsstille unter den Seinen bleiben, ein Sägewerk, sammelte Autoren, Lehrer, aufgeweckte Landsleute um sich, die er 1925 beim Kongress der Europäischen Minderheiten in Genf vertrat. Sein Haus war während der faschistischen Jahre ein Treffpunkt des sorbischen Widerstands, ehe der Mann, der Schreibverbot hatte und jahrelangen Schikanen ausgesetzt war, zermürbt war und endlich starb. Sein Enkel Kito Lorenc wurde hier geboren, hat dem Großvater manche Reverenz erwiesen und die Struga, ein Flüsschen, das an den Schleifer Gemeinden vorbei der Spree entgegenfließt, zu seinem europäischen Gewässer erkoren. Trotzig hat er sie gepriesen, die Struga, von der keine nationalen Lieder künden wie vom Rhein und keine Epen wie von der Donau, die der Strom vieler Völker ist und den halben Kontinent durchquert. Die Struga ist klein, unbekannt, ihr Ruhm ist schon verweht, wenn die Spree sie aufgenommen hat und ein paar Kilometer weiter geflossen ist, und doch ist sie für Kito Lorenc, den weltläufigen Heimatdichter, den widerspenstigen Verteidiger der Provinz, »die Nabe der Welt«. In Bautzen war ich nach der Lesung in der Stadtbücherei mit ihm ins Gespräch gekommen, mit knarrender, fast krachender Stimme hatte der massiv gebaute Mann sehr direkte Fragen gestellt und sich selbst und mir höchst verschmitzte Antworten gegeben. Der zeitgenössischen sorbischen Literatur ist er ein freizügiger Patriarch, der vielen mit beharrlicher Kritik beistand und sie ermutigte, sich unabhängig von den Wächtern der Tradition zu entfalten. Diese haben ihm neben vielem anderen auch übel genommen, dass er ein Liebeslied schrieb, bei dem nicht ganz klar ist, ob da die Heimat oder eine Frau gepriesen und, wenn es doch die Heimat ist, diese jedenfalls erotisch begehrt und besungen wird. »Man kann die Heimat gar nicht genug lieben« heißt das ungemein populär gewordene Lied, das so beginnt: »Ich liebe sie high und matt, / ich lieb sie im Heu, bei der Mahd, / ich lieb ihren alten Zausel / mit seiner neuen Fistel, / liebe sie ohne Klausel / mit Assel und Nessel und Distel, / und in ihrem Bauch die Kabel / lieb ich, den Fussel im eigenen Nabel ...« Kito Lorenc aus Schleife schreibt bald deutsch, bald sorbisch und erlebt die vollkommene Doppelsprachigkeit als Glück. Das bekannteste Kind des benachbarten Rohne hingegen war des Deutschen wohl nicht mächtig und hatte sich das Sorbische in einem ungeheuren Kraftakt aneignen müssen. Fast hundert Jahre war Hanzo Nepila alt, als er 1856 starb, Sohn eines Leibeigenen, Hüterbub, Kleinbauer, ein halber Analphabet von Erziehung und Ausbildung und doch Schöpfer einer eigenen Schriftsprache, die er aus dem Nichts erschuf. Als er ins Ausgedinge kam, wollte der Mann, der oft gehungert und immer gerackert hatte, ein Zeugnis seiner selbst hinterlassen, und wiewohl er mühselig gerade die Buchstaben schreiben konnte, begann er, die Chronik seines Lebens niederzuschreiben: »Ich bin der Halbbauer Hanzo Nepila, aus Rohne gebürtig, und im Taufregister ist mein Name eingetragen: Hanzo Nepila in Rohne.« Ungelenk setzte er Buchstabe an Buchstabe und erarbeitete, erschwitzte sich eine Schriftsprache für seine Mundart, mehr malte er, als dass er schrieb, doch im Laufe der Jahre hat er nicht weniger als dreißig Bücher seines Lebens verfertigt, unermüdlich von früh bis spät daran arbeitend, wie er es als Bauer gewohnt war, und er berichtet darin, umständlich, genau, kühn, von den Dingen, die ihm widerfuhren, von den Bäumen, und wie hoch sie damals wuchsen, und von den Feldern, und wie fruchtbar sie in welchem Jahr waren. Er erzählt von dem »Teuerungsjahr, damals, als ich klein war, und was für Speise ich gegessen habe derzeit in dem Teuerungs- und Hungerjahr, und damals schrieb man 1770«. Als er starb, haben ihm die Nachbarn, die nicht verstanden, dass dieser Alte, der unermüdlich Buch um Buch mit seiner Schrift füllte, auch ihre große Rechtfertigung verfasste, seine Schriften ins Grab nachgeworfen. Durch Zufall wurden fünf der Bücher, insgesamt vierhundert handschriftliche Seiten, gerettet, ein Schneider hatte sie heimlich beiseitegeschafft. Fünfzig Jahre nach dem Tod des grandiosen Sprachschöpfers sollten sie publiziert werden, ein einzigartiges Zeugnis nicht allein der sozialen Verhältnisse, wider sie entstanden, sondern mehr noch der trotzigen Gestaltungskraft eines Mannes, der es wagte, sich selber wichtig zu nehmen, als Beispiel zu setzen und eine eigene Sprache zu erfinden. Von dem wunderlichen Mann werden freilich noch andere wunderliche Dinge erzählt, so soll er sich, Anfang des 19. Jahrhunderts, an diesem entlegenen Flecken der Erde, ausdauernd in dem Versuch geübt haben, sich über diesen zu erheben und mittels selbst gebauter Apparate fliegen zu lernen.

Der Wert der Bücher, Slepo/Schleife

12

Das ausgedehnte Siedlungsgebiet der Niedersorben, deren es im 15. Jahrhundert noch zweihunderttausend gegeben hat, ist auf eine Handvoll Gemeinden rund um Cottbus eingeschrumpft. Schon im Verlaufe des 18. Jahrhunderts waren nicht weniger als dreihundert niedersorbische Dörfer zu deutschen Gemeinden geworden, denn der Druck, der auf die Sorben hier, im brandenburgischen Norden der Lausitz, ausgeübt wurde, war unvergleichlich stärker als jener, unter dem die katholischen Sorben im sächsischen Süden standen. Die Katholiken sind innerhalb der Minderheit der Sorben eine Minderheit, freilich eine, die eines nicht zu fernen Tages das ganze Sorbentum ausmachen wird. Denn die Protestanten stellen zwar noch die Mehrheit, aber haben, jahrhundertelang von der protestantischen Obrigkeit einer bald schleichenden, bald rabiaten Germanisierung ausgesetzt, ihre Sprache zumeist bereits verloren. So hatte die Reformation, die unter ihnen begeisterte Anhänger fand, für die Sorben durchaus widersprüchliche Folgen gezeitigt. Gab sie zunächst den Anstoß, dass Kirchenbücher aus dem Lateinischen ins Sorbische übersetzt wurden und sich so eine eigene sorbische Literatur überhaupt erst entwickeln konnte, suchten die deutschen Kirchenoberen bald auch in der Lausitz ein Vaterland ohne slawischen Schandfleck auf der deutschen Karte zu schaffen. Im Jahr 1728 des Herrn wurde den evangelischen Pfarrern aufgetragen, nur mehr Kinder mit ausreichenden Kenntnissen der deutschen Sprache zum Abendmahl zuzulassen, und bis zu den Nationalsozialisten, die das Sorbische zur verbotenen Sprache machten, sind solche Zwangsmaßnahmen einer Kirche, die ein deutsches Christentum ersehnte, noch oft erneuert worden.

Heute leben in der Niederlausitz Menschen, die das Sorbische nicht mehr zu sprechen, geschweige denn zu schreiben vermögen und sich gleichwohl immer noch als Sorben bezeichnen. Die größten Scharen von Osterreitern ziehen alle Jahre in der Niederlausitz von Ort zu Ort, und wohin sie auch kommen, werden sie von Zuschauern begrüßt, die sich bei solchen Anlässen in sorbische Tracht kleiden und auf Deutsch darüber unterhalten, was für ein schönes Brauchtum sie als Sorben doch hätten. Längst ist in der Niederlausitz der kuriose Zustand eingetreten, dass sich ein Volk geradezu wütend in die Folklore flüchtet, weil es sich nur mehr in dieser zu entdecken vermag. Periodisch wird Heimattreue aufgeboten und Sorbentum aufgeführt, doch indem die Vergangenheit als Illusionsstück von heute gespielt wird, gerät sie noch nachträglich in den Verdacht, immer schon eine Lüge gewesen zu sein.

Im Spreewald hat dieses Illusionsstück seine prächtige Naturtheater-Kulisse gefunden. Von zahllosen kleinen Flüssen durchzogen, liegt der malerische Wald am äußersten Rand der Lausitz, nur achtzig Kilometer von Berlin entfernt. Schon im letzten Jahrhundert haben die Berliner den Spreewald als romantisches Erholungsgebiet in Besitz genommen, und für zwei Millionen Besucher, die mittlerweile jährlich hierherkommen, verkleiden sich die Kellner, Pensionsbesitzer, Souvenirartikelhändler und Schiffer, die die kleinen Touristenboote durch das Netz der Kanäle führen, immer noch einmal als die letzten Sorben.

Sie sind Eingeborene, die keine Erinnerung mehr haben, doch ihren Lebensunterhalt mit einer Vergangenheit bestreiten, der sie gründlich entfremdet wurden. In falsche Trachten gezwängt, ein paar sorbische Grußworte wie betrügerische Schmeicheleien im Munde, bedienen sie die Sehnsucht jener, die trunken nach Heimat und Ursprung sind und sie, gleich wohin sie von der Tourismusindustrie verfrachtet werden, unfehlbar dort entdecken, wo sie bereits gründlich zerstört sind.

13

Es bedeutete zwar einen Umweg, aber ich mochte das Sorbenland nicht verlassen, ohne Kamenz gesehen zu haben. Eine familiäre Reminiszenz führte mich in Lessings Geburtsstadt, denn hierher hatte es im letzten Kriegsjahr 1945 meine Mutter verschlagen. Im Alter von sechsundzwanzig Jahren war sie mit zwei Kindern, ihren Eltern und ihrer Schwester aus einer fernen Welt gekommen, die gleich dieser die Heimat mehrerer Völker war. Die Züge hatten sie aus der pannonischen Tiefebene, aus der Wojwodina, dem Land zwischen Donau, Save und Theiß, durch halb Europa geführt und schließlich in einer unbekannten, von Flüchtlingen überfüllten Stadt ausgespuckt. Dort hauste sie mit ein paar Hundert anderen Donauschwaben, die allesamt aus Neusatz/Novisad stammten, zwei Monate lang in einer Schule, und sie hat von Kamenz, das nicht die erste und nicht die letzte Station für sie war, nicht viel zu berichten, außer dass in dem Klassenzimmer, in dem sie untergebracht waren, eine schwere Infektion ausbrach und vielen Kindern, darunter einem meiner Brüder, fast den Tod brachte. Gegenüber dem Schulhaus sei ein merkwürdiges großes rotes Haus gewesen, vielleicht die Post, hatte sie sich erinnert, aber wo die Schule genau stand, das wusste sie nicht mehr zu sagen.

Kamenz hat ein paar rote Häuser, und das merkwürdigste darunter ist das Rathaus, das Mitte des 19. Jahrhunderts im Stil der italienischen Neorenaissance errichtet und pittoresk dem Ensemble ostdeutscher Bürgerhäuser vorgestellt wurde. Es ist schwer, frühnachmittags in Kamenz jemanden nach dem Weg zu fragen. Denn es findet sich keiner, der sich um diese Stunde auf der Straße zeigte. Ostdeutsche Provinzstädte suchen gerne den Eindruck zu erwecken, dass sie irgendwann von ihren eigenen Einwohnern vergessen wurden. Die paar Gasthäuser, die wir fanden, waren allesamt geschlossen, die Fußgängerzone, pietätvoll aufgebahrt zwischen Betonblumentöpfen, lag totenfriedlich, die wenigen Leute, die sich einzelgängerisch auf den Weg durch ihre Stadt aufgemacht hatten, wussten nicht, wo die große Volksschule war, die am Ende des Krieges als Flüchtlingslager diente und der ein rotes Haus gegenüberstand.

Kamenz summte so träge in seiner Langeweile, dass das Kebab-Schild wie ein Versprechen von Abenteuer wirkte. Hier, am Ende einer sorbischen Reise durch Deutschland, die so oft in die Vergangenheit geführt hatte, fand ich ein Stück Zukunft. Die Zukunft hieß Saloniki und war ein Lokal, das nicht ganz Kaffeehaus, ein wenig Bar, mehr als eine Imbissbude, eine Andeutung von Restaurant und jedenfalls ganz und gar europäisch war. Vor dem Lokal mit dem griechischen Namen stand dieses Kebab-Schild, das den deutschen Gästen beruhigend versicherte, dass das Lammgericht hier ausschließlich mit Schweinefleisch zubereitet werde. Drinnen zog sich eine vielfärbige Girlande aus kleinen, unentwegt blinkenden Lämpchen durch den Raum, der in einem bunten Licht zuckte. In der einen Ecke thronte eine große, hellblau bemalte Muttergottesstatue, in der anderen wartete geduldig der Kellner, ein lächelnder, zierlicher Filipino. An den Wänden waren Fotos aufgehängt, die ein ärmliches Bergdorf inmitten einer kargen, felsigen Landschaft zeigten. Als ich länger vor diesen Bildern verweilte, trat ein junger, kräftiger Mann hinter dem Plastikvorhang hervor, der die Küche vom Gastraum abtrennte. Er war klein, dunkel, hatte um das Handgelenk eine goldene Kette und sagte in sächselndem Tonfall: »Das ist ein kurdisches Dorf. Jetzt ist es aber von dem türkischen Militär zerstört worden.« Auch auf dem Bild sah es aus, als hätte es schon eine Zerstörung hinter sich. Als ich beteuerte, durchaus zu wissen, welches Unrecht den Kurden widerfährt, verneigte der junge Mann sich förmlich, sagte geradezu erfreut:»Danke! Danke!«, und reichte mir unversehens die Hand. Er empfahl mir als Spezialität des Hauses einen Kebab-Hamburger, der nicht mit Schweinefleisch, sondern mit Fitness-Salat gefüllt sei. Als der philippinische Kellner den vegetarischen Diät-Kebab-Fitness-Hamburger servierte, in diesem kurdischen Gasthaus in Kamenz in Sachsen, das einen griechischen Namen hatte, stürmte frohgemut eine laute, hungrige Schar von Gymnasiasten in ihr Stammlokal; so habe ich am Ende noch fröhliche Deutsche gesehen.

Die verschwundene Nation –
Unter den Aromunen
Mazedoniens

I

Skopje empfing uns mit wilden Schreien. Das Flugzeug war von Ljubljana an eine Stunde lang durch Turbulenzen geflogen. Die schöne Frau auf der anderen Seite des Ganges hatte unablässig ihr Kind gestreichelt, das seit sechs, sieben Monaten in ihrem Bauch saß. Wir schafften es nicht, einander zu erklären, was wir in Mazedonien suchten. Sie hatte noch nie etwas von den Aromunen gehört, ich verstand den Namen nicht, den sie mehrfach wiederholte. Mit dem tapferen Lächeln, das die ganze Zeit auf ihrem Gesicht blieb, deutete sie schließlich in der Zeitschrift der Fluggesellschaft auf eine Karte Australiens und dann auf sich. In der durch dicke Wolkenbänke rumpelnden Maschine saßen ältere, bäuerlich anmutende Leute, die von einem Besuch bei den Kindern in Deutschland zurück nach Mazedonien flogen, manche von ihnen in Begleitung von Enkelkindern, die alle paar Sätze die Sprache wechselten, und Geschäftsleute aus Slowenien, die nach der internationalen Mode ihres Standes gekleidet waren und entschlossene Miene machten. Und diese dunkle, schwangere Frau aus Australien, von der ich mir jetzt dachte, dass sie gewiss von Ureinwohnern abstammte, und die nicht aufhörte, über ihren gewölbten Bauch zu streichen und der Landung entgegenzulächeln.

Gereizte Unruhe hatte sich der Einreisenden bemächtigt, die bei der Zollabfertigung nur langsam vorankamen. Umständlich wurden die Pässe kontrolliert und, was selten ist bei der Einreise, ausgewählte Stücke des Handgepäcks durchsucht. Dann großer Wirbel in der Halle: Ein Mann um die dreißig, massiv, mit schwarzem, onduliertem Haar, gebräuntem Gesicht, Goldkettchen über dem T-Shirt, Lederjacke um die im Studio ausgebauten Muskeln, erstürmte den Raum, den gewaltigen Blumenstrauß wie eine Keule in der Hand und einen Mann mit Filmkamera hinter sich. Ohne innezuhalten, eilte er an all den Uniformierten vorbei, von denen ihm ein paar lässig salutierten, bis er sie erreicht hatte, sie, die schöne, lächelnde Schwangere aus dem Flugzeug, die sich ihm jetzt in die Arme wirft, und er greift sie sich heraus aus der Schlange und geht, die Rechte fest um sie gelegt, schnurstracks an allen Kontrollen vorbei, ein düsterer Komet, der in seinem Schweif einen unablässig filmenden Kameramann hinterherzog. Vielleicht war er doch kein Zuhälter, für den man ihn auf den ersten Blick hielt, sondern ein Schlagerstar, der Sohn eines Paten, der australische Honorarkonsul …

Die Flughalle war klein, viel zu klein für das Gedränge der Reisenden, nur wenige Schritte hinter dem Fließband, das die Gepäckstücke im Kreise führte, ging es hinaus auf den Vorplatz. Es war halb vier Uhr nachmittags im Mai, die Stadt vibrierte in dumpfer Schwüle und empfing uns mit Schreien. Ein-, zweihundert Leute waren um eine Absperrung hinter dem Ausgang aufgestellt, sie hatten Schilder aus Karton mit Namen von Hotels und Reisenden in der Hand, riefen »Taxi«, »Taxi«, und langten, sich gegenseitig mit günstigen Angeboten überschreiend, nach den Koffern, die die Ankömmlinge bei sich hatten. Die Luft war heiß und feucht und mir schwindelte, als mich die wogende Menge verschluckte. Irgendwann zog mich ein kleiner, weißhaariger Mann an der Jacke, funkelnd vor Freude, den angekündigten Besucher entdeckt zu haben, kräftig schüttelte er mir die Hand, nahm das Gepäck und zeigte auf ein Auto, das ein paar Meter weiter geparkt stand. Ja, er sei es, Mitko Naumovski, eigentlich Mitko Guda, wie sein aromunischer Name laute, aber den habe er von Amts wegen die längste Zeit nicht führen dürfen, also Naumovski-Guda, er lachte und wiederholte ihn, was er noch öfter tun würde, indem er ihn umdrehte, Guda-Naumovski.

Die Fahrt vom Flughafen in die Stadt führte durch eine endlose vorstädtische Zone, in der sich Kreuzungen von Überlandstraßen, kleine Häuser mit intensiv bewirtschafteten Gärten und jäh aufschießende, im Zustand der Halbfertigkeit verfallende Großfeldsiedlungen abwechselten. Ich erzählte Mitkos Nichte, die er eigens für die kurze Fahrt als Übersetzerin mitgebracht hatte, von dem seltsamen Erlebnis in der Flughalle. Ich hatte den Eindruck, die junge Frau errötete darüber verärgert, ehe sie sich an den Onkel wandte, der sich anhörte, was sie ihm sagte, dann einen Namen fallen ließ, den ich nicht verstand, und sogleich darauf verächtlich aus dem Fenster spuckte. Es schien mir nicht klug, meine Unterhaltung mit einer Frage zu beginnen, die einen so feinen älteren Herrn dazu brachte, aus dem Fenster zu spucken, und so fragte ich nicht nach. All die Tage, die folgten, diese aberwitzigen Tage in einer Welt, die ganz anders war als jene, aus der ich kam, und doch dieselbe war, fand ich keine Gelegenheit mehr, sie noch einmal zu stellen und herauszufinden, in wessen Gewalt sich die tapfere Schöne lächelnd begeben hatte.

2

Auf die Aromunen war ich in alten Büchern gestoßen, die von einem Volk der Schafhirten, Händler und Briganten erzählten, das einst die Karawanen von Byzanz nach Venedig begleitete und von jedem Sack Pfeffer, der in Wien geöffnet wurde, seinen Tribut nahm. Als ich vor ein paar Jahren die Aromunen zum ersten Mal erwähnte, in einem kleinen Aufsatz, der sich mit den Sprachen Europas beschäftigte, da meldeten sich einige Leser bei mir, die vermuteten, ich hätte sie erfunden, um mit ihnen glaubhafter ein paar meiner Thesen verfechten und ein paar Tugenden preisen zu können, die uns das Europa von morgen abverlangen wird. Denn was die frommen Sonntagsprediger beim europäischen Hochamt von uns fordern, das ist doch, dass wir weltoffene Menschen werden, fähig, über die Grenzen des eigenen Nationalstaates hinauszublicken, willens, uns den ganzen Kontinent zur Heimat zu machen. Ach, natürlich steht es schlecht um diese Tugenden, sonst müssten sie nicht gepredigt werden! Aber da waren ja diese Aromunen, an die keiner dachte, wenn er von den europäischen Tugenden sprach, und die keiner kannte, der die europäische Vielfalt zu beschwören pflegte, die Aromunen, vergessene Europäer von vorgestern und wie für heute.

Die Aromunen sind eines der ältesten Völker Europas, und auch wenn niemand weiß, wie viele sie zählen, weil sie fast nirgends, wo sie leben, als Minderheit anerkannt werden, sind es doch mindestens eine halbe Million, wahrscheinlich aber viel mehr Menschen, die sich zu ihnen rechnen. Aromunen lebten einst überall auf dem Balkan und leben heute in großer Zahl in Griechenland, Mazedonien, Albanien und Rumänien, in geringerer in Serbien und Bulgarien und weit verstreut über alle Kontinente. Einzig Mazedonien aber, ein junger Staat, der international nicht eben hoch angesehen ist, hat sich bisher bereitgefunden, sie im Status einer Volksgruppe anzuerkennen. Dabei gab es griechische Minister, serbische Akademie-Mitglieder, bulgarische Staatspreisträger, albanische Volkshelden, rumänische Fußballstars und Wiener Bankdirektoren, die Aromunen waren. Nur durfte es keiner wissen. Oder sie sollten es wenigstens nicht allzu sehr betonen. Haben es vielleicht selbst nicht mehr gewusst. Oder, wie George Hagi, der Kapitän der rumänischen Fußballnationalmannschaft, erst spät öffentlich gesagt. Denn die Aromunen, denen in den Zeugnissen des Mittelalters Reichtum und hoch entwickelte Kultur bescheinigt wurde, die über die Jahrhunderte ein für den europäischen Handel unverzichtbare Bevölkerungsgruppe waren und deren Beitrag für die politischen Emanzipationsbewegungen des Balkans gar nicht hoch genug einzuschätzen ist, sind im 20. Jahrhundert ins Abseits geraten.

Im Mittelalter war ihre Stellung als Händler materieller Waren und geistiger Güter unangefochten. Der Textilhandel des ganzen Mittelmeerraumes war zwar nicht von ihnen dominiert, aber ohne sie, die Lieferanten von Wolle und Stoffen, den Passgehern und Händlern, nicht denkbar; Wirtschaftshistoriker haben nachgewiesen, dass die Handelsbeziehungen der Aromunen schon in der frühen Neuzeit bis nach Nordeuropa reichten. In Moschopolis, einem ihrer Zentren, dessen Reste heute in Albanien verfallen, trafen sich Geschäftsleute und Reisende aus Serbien, Griechenland, Ungarn, Syrien, Venedig, aus der Levante, von der britischen Insel und aus Frankreich, die den Ruhm dieser Stadt mit ihrer Druckerei und ihrer grandiosen Bibliothek weit hinaus in die Welt trugen.

Die Bezeichnung »Aromunen« geht auf einen deutschen Gelehrten zurück, auf den Romanisten Gustav Weigand, der Ende des 19. Jahrhunderts ihre Gebiete besuchte und ein zweibändiges Buch über seine Reisen und Forschungen veröffentlichte. Der Name, den er wählte, spielt klanglich an die Selbstbezeichnung »armâni« an, wie sich die Aromunen in Mazedonien noch immer nennen, und betont zudem, dass es sich bei ihnen um Angehörige der romanischen Sprachfamilie handelt. Allerdings sind für die Aromunen, die seit jeher in verschiedenen Regionen und mit verschiedenen Nachbarn lebten, auch viele andere Namen in Gebrauch, Remeri in Albanien, Vlachen in Griechenland, Vlassi in Serbien, und auch als Çobanë, Macedoneni, Kutzowlachen oder Zinzaren sind sie bekannt. Verschieden wie ihre Namen waren auch die regionalen Dialekte, die sie sprachen, für die sie sich bis heute, trotz aller Bemühungen, auf keine verbindliche Schriftsprache einigen konnten.

Während des halben Jahrtausends, da das Osmanische Reich über die Regionen des Balkans gebot, konnten die Aromunen manchenorts ihre Autonomie behaupten und innerhalb des vom Sultan gesteckten Rahmens nach eigenem Gesetz leben. Gleichwohl haben sie sich während des 19. Jahrhunderts initiativ an fast allen Befreiungsbewegungen des Balkans beteiligt. Als Lord Byron zu den griechischen Freiheitshelden pilgerte, ist er bei diesen so oft wie auf Hellenen auf Vlachen gestoßen. Als sie die osmanische Herrschaft über den Peloponnes gemeinsam hinweggefegt hatten, da sollten die aromunischen Finanziers und Mitstreiter freilich mit einem Mal nichts mehr als Griechen sein. Der Abstieg der Aromunen begann, als die Ideologie und der Wahn des Nationalstaates auch auf dem Balkan zur politischen Religion wurde. 1905 hatte der Sultan Abdul Hamid sie in einem Erlass ausdrücklich als eigenständige Nationalität anerkannt, der das Recht auf kulturelle Freiheit und regionale Selbstverwaltung niemand bestreiten dürfe. Doch 1913 fanden sie sich plötzlich auf vier Staaten aufgeteilt, die sich die europäische Beute des osmanischen Imperiums teilten und über der Teilung alsbald in heillose Feindschaft gerieten, auf Serbien, Griechenland, Bulgarien und Rumänien.

Das 20. Jahrhundert brachte ihnen in allen diesen Ländern, zumal in Bulgarien und in Griechenland, Zwang, Verfolgung, Tod: Sie wurden umgesiedelt, amtlich mit neuen Namen ausgestattet, durften ihre Sprache in der Öffentlichkeit nicht mehr gebrauchen, ja nicht einmal sagen, dass es sie überhaupt gab, viele ihrer Dörfer wurden verwüstet und Hunderte ihrer Lehrer, Pfarrer, Intellektuellen inhaftiert, in Lager gesteckt, auf entlegene Inseln verfrachtet. Dabei haben sie selbst einen eigenen Staat niemals angestrebt, schon die Idee des Nationalstaats musste ihnen fremd bleiben, weil sie von jeher weit verstreut siedelten und als Händler wie als nomadisierende Besitzer von Schafherden die großen Räume, die durchlässigen Grenzen brauchten. Dass seit dem Zerfall des Osmanischen Reichs neue und viel mehr Grenzen durch den Balkan, durch ihre alten Siedlungs- und Wandergebiete schnitten, war für sie existenzbedrohend; jahrhundertelang hatten sie da und dort Handelsniederlassungen besessen und im späten Herbst ihre riesigen Herden in mildere Regionen nach Süden getrieben. Nein, nationale Staaten, die den freien Verkehr von Gedanken und Gütern behinderten, waren nichts für die Aromunen.

Was ihnen, orthodoxen Christen, das islamische Reich gewährt hatte, wurde ihnen von dessen christlichen Nachfolgestaaten sogleich entzogen. Was sie von den europäischen Institutionen heute fordern, ist nichts anderes als das, was ihnen schon das Osmanische Reich nicht verwehrte: die Anerkennung, dass es sie gibt, das Eingeständnis, dass es gut ist, dass es sie gibt, und das Versprechen, dass man sie in ihrem Bestreben, dass es sie auch weiterhin gebe, unterstützen werde. So bescheidene Ziele, so viel Eifer, sie zunichtezumachen.

3

Natürlich war Alexander der Große ein Aromune, sagte Stevo, der Sohn des freundlichen Mannes, der uns vom Flughafen abgeholt hatte. Wir saßen auf der Terrasse eines großen Zweifamilienhauses am südlichen Stadtrand von Skopje, von wo man auf die Berge, die sich dahinter erhoben, und auf die ganze Stadt sah. Mitko hatte in den letzten Jahren gute Geschäfte gemacht und galt als einer der freigebigsten Förderer der aromunischen Kulturvereine. Sein Sohn, knapp über dreißig, dunkel, mittelgroß, den man bei uns vielleicht für einen der attraktiven Griechen gehalten haben würde, wie man sie vom Urlaub her kennt, erwies sich als hellwacher Intellektueller, der die Sache der Aromunen leidenschaftlich verfocht. Er sprach perfekt Englisch und arbeitete als Rechtsanwalt in der großen Firma seines Vaters. Natürlich war Alexander der Große Aromune, was sollte er anderes gewesen sein? Die historischen Quellen berichten doch von jenem merkwürdigen Vorfall: Alexander war mit einem Dutzend griechischer Generäle zusammengesessen, als seine Mutter erschien und ihren Sohn zu tadeln begann. Mutter und Sohn redeten im Streit heftig aufeinander ein, doch die Generäle vermochten kein Wort davon zu verstehen. In welcher Sprache konnte dieser Streit geführt worden sein? Die Slawen waren erst Jahrhunderte später auf den Balkan eingewandert. Die Dialekte der hellenischen Stämme waren den Generälen bekannt. Es war Aromunisch, die älteste Sprache der Region, oder richtiger: die älteste, die seither nicht vollständig untergegangen oder in anderen Sprachen aufgegangen ist.

Mit wem immer ich zusammentraf, alle Aromunen suchten diese historische Verwurzelung in einer Frühzeit, in der sich jedes Wissen im Dunkel verliert. In Štip sollte mir ein fünfzigjähriger, massiger Mann vorgestellt werden, der sein Leben dem Nachweis widmete, dass die Aromunen die Nachfahren jener Pelasger seien, von denen Homer in der Ilias erzählt. Branislav Stevanoski überreichte mir mit der Visitenkarte (Elektroingenieur, Maler, Dichter, Historiker, Aromune) vier dicke, halb penibel sprachhistorische, halb hemmungslos mythologische Bücher, die er zu diesem Thema veröffentlicht hatte, ein Gelehrter mit den glänzenden Augen des Besessenen, der davon überzeugt war, dass es auf der Welt keine wichtigere Frage gab als diese, die er ein für alle Mal beantwortet hatte, und der nun hoffte, dass ich als sein Jünger in die Welt hinausgehen würde, seine Wahrheit zu verkünden. Einem seiner Bücher, die er mir schenkte, war das Motto vorangestellt: »Armân Makedoneasca nu e Neo-Latina ma Latina iaste Neo-Armâneascâ« – »Das Macedo-Aromunische ist kein Neo-Latein, sondern Latein ist eine Form des Neo-Aromunischen«. Der Ingenieur hatte Tausende Belege gefunden, Münzen, Grabinschriften, Urkunden, Wappen, Scherben, dass das Pelasgische später nicht ins Griechische, sondern in das Aromunische übergegangen war; die Tatsache, dass das Aromunische zweifellos der romanischen Sprachfamilie zugehört, bewies seinen Studien zufolge nur, dass das Lateinische sich in Abhängigkeit vom Aromunischen entwickelt hatte.

Oft auf dieser Reise musste ich an den Brief denken, den mir der Wiener Historiker Max Demeter Peyfuss geschickt hatte. Peyfuss war als Student auf die Aromunen gekommen und hatte mit dem Geld, das er als Assistent im technischen Stab eines Filmes verdiente, der damals in Kärnten mit Omar Sharif und Ingrid Bergman in den Hauptrollen gedreht wurde, seine erste Forschungsreise finanziert. Später publizierte er Dutzende Studien, darunter seine große

Monografie der legendären, in der Geschichte nahezu verschwundenen Stadt Moschopolis. Peyfuss warnte mich vor der Fantasterei, die enthusiasmierte Aromunen für wissenschaftliche Erkenntnis ausgeben, vor den horrenden Zahlen, mit denen da herumgeworfen wird, vor der Manie, jeden besseren Kopf, den der Balkan gesehen hat, für das Aromunentum zu reklamieren, und er gestand zugleich gerne ein, sich seine Verbundenheit mit den Aromunen dennoch bewahrt zu haben. Tatsächlich, die kühlsten Geschäftsleute, die ich in Mazedonien traf, gerieten in die hitzigste Erregung, wenn sie mir von der aromunischen Vorgeschichte erzählten, Legenden wurden da zur Gewissheit, Mythen zu Dokumenten, Spekulationen galten für Beweise, bald waren die ersten Aromunen Thraker, bald Vorfahren der Thraker, jedenfalls stets ein Stamm älter als alle anderen.

Isaiah Berlin hat einmal gemeint, eine Nation sei eine Gruppe von Menschen, die sich in einem gemeinsamen Irrtum über ihre Herkunft befänden. Als sich im Europa des 18. Jahrhunderts die modernen Nationen konstituierten, da wurde dieser Schritt in die Zukunft meist mit einem resoluten Griff in die Vergangenheit legitimiert. Die das ganz Neue, die moderne Bürgernation, wagten, bemächtigten sich des ganz Alten, der Mythen einer Vorzeit, die nun zur unmittelbaren Vorgeschichte umgedeutet wurde. Das französische Volk, das sich gegen seine einst mit den fränkischen Eroberern verschmolzene Aristokratie erhob, redete sich zuvor erfolgreich ein, dass es selbst von den alten, unbeugsamen Galliern abstammte. Im Norden Europas verfasste ein begabter schottischer Jüngling namens James Macpherson altertümelnde Gedichte, die von den begeisterten Zeitgenossen für Lieder des tausend Jahre zuvor verstorbenen Barden Ossian gehalten wurden und die Nationalbewegung nicht nur in Schottland befeuerten, sondern überall, wo sich vorgebliche Nachfahren von Kelten zur Bildung eines eigenen Nationalstaates berufen wähnten. Aus der Geschichte, auch wenn sie so grob verfälscht wurde wie mit Ossian, bezogen Gruppen, die in sprachlicher, kultureller, ökonomischer, religiöser Hinsicht lose miteinander verbunden waren, die Kraft, sich neu zu entwerfen und als Nationen zu definieren.

Manchmal packte mich der Ärger, wenn mir wieder ein Sonntagshistoriker erklären wollte, warum die Agrionen, Doräer oder Sitrionen der vorhellenischen Zeit die Keimform der Aromunen wären. Selbst Stevo, diesem Intellektuellen, konnte ich nicht verständlich machen, dass ich keine archäologischen Befunde benötigte, um mich für die Aromunen von heute zu interessieren, die Beharrlichkeit, mit der sie wider Drangsal und Verfolgung an ihrer alten Sprache festhielten, zu bewundern und ihnen ihre Rechte, wenn es denn an mir läge, selbstverständlich und gerne zu gewähren. Dann wieder musste ich mich an den gallischen Hahn oder König Arthus erinnern, und mir wurde klar, dass das Rühren in der mythischen Ursuppe bei den kleineren, besiegten Nationen nichts Verwerflicheres oder Lächerlicheres war als bei den großen, die aus ihren Mythen allseits respektiertes Kulturgut gemacht hatten.

Die Schule ist aus, Nižepole

4

Auf der Bühne standen zwei Mädchen um die zwanzig, eine Blonde in Rot, eine Schwarze ganz in Schwarz. In der Rechten hatte jede ein Mikrofon, mit der Linken bedeuteten sie dem Publikum, lauter zu werden, einzustimmen, mitzusingen, leise zu sein, zuzuhören. Die beiden standen auf spektakulär hochhackigen Schuhen und trugen Minis, die so kurz waren, dass sie die Bezeichnung Röcke nicht mehr verdienten. Vor der Veranstaltung war ich ihnen vorgestellt worden und hatte, als wir uns ein wenig unterhielten, ihre Fähigkeit bewundert, zur selben Zeit zu rauchen, Kaugummi zu kauen und ein anregendes Gespräch zu führen. Die beiden waren auffallend hübsch, selbstbewusst auf körperbetonte Weise und zugleich blitzgescheit. Jetzt standen sie oben und hielten politische Brandreden. Sie wechselten einander ab, einen Abriss von dreitausend Jahren aromunischer Geschichte zu geben, und wenn die eine länger doziert hatte, skandierte die andere eine politische Losung über die Köpfe der rund zweihundert Anwesenden hinweg.

Der 20. Mai ist Nationalfeiertag bei den Aromunen. An einem 20. Mai hatte der Sultan den Erlass unterzeichnet, der ihnen Gleichberechtigung unter den Völkern des Osmanischen Reiches sicherte. Es blieb kein Jahrzehnt mehr Gelegenheit, das Dekret im politischen Alltag des großen, übernationalen Reiches zu erproben. Am 19. und 20. Mai finden überall, wo Aromunen leben, die sich ihrer Nationalität bewusst sind, Veranstaltungen wie diese in Skopje statt. Es waren nicht viele gekommen. War mir nicht versichert worden, es lebten allein in Skopje mehr als hunderttausend Aromunen? Jetzt waren nur zweihundert davon anwesend, freundliche Greise waren darunter, die im lauten Durcheinander bald einnickten und von der Wiedergeburt des aromunischen Zeitalters träumten, und glückliche Kinder, die die ganze Zeit über durch den Saal wieselten und so viel Krach machen durften, wie sie wollten, Honoratioren im dunklen Anzug, Leute im Alltagsgewand und solche in Tracht. Wie überall, wo Vereinsmeier zusammenkommen, wurden endlose Begrüßungsreden gehalten, und sicher die Hälfte der Anwesenden waren Ehrengäste, die eigens begrüßt wurden und sich artig zu verbeugen hatten wie ich. Die Moderation hatten die beiden Mädchen übernommen, die man sich in jeder Disco von Berlin vorstellen konnte und die hier den Auftritt von Heimatdichtern, Volkstanzgruppen und Lokalpolitikern ankündigten.

Wild ging es durcheinander, und nichts passte zusammen, aber auf wundersame Weise schien das Durcheinander völlig geordnet zu sein und alles, was an Gegensätzlichem geschah, sich wie selbstverständlich zusammenzufügen. Endlich betrat die erste Volkstanzgruppe die Bühne. Von einem Trio aus Klarinette, Akkordeon, Handtrommel begleitet, ordneten sich die jungen Männer und Frauen zu zwei Reihen, die einander wie Seile, die geschwungen werden und in sanften Wellen fließen, näher kamen und sich wieder voneinander entfernten. Gemessenen Schrittes, nicht springend, sondern die Beine im Schreiten zuweilen ruckartig anziehend, bewegten sich die Burschen im Kreise, während die Mädchen seitwärts hüpfend, Hüfte an Hüfte, eine jede mit den Armen auf den Schultern ihrer Nachbarinnen, zu gleiten schienen. Die Burschen, die Miene beherrscht, sodass ihnen kein Lächeln auskam, stampften alle paar Takte kräftig auf, die Mädchen, ausgelassen und lachend, schwebten über den Boden nur leicht hinweg. Sie alle waren in prächtige Tracht gekleidet, auf deren mir nicht erkennbare Unterschiede zu griechischen Trachten mich ein Fachmann eindringlich hinwies. Sowohl die Musik und die Tanzweise als auch die weißen Hemden und Hosen der Männer und die Kleider der Frauen mit ihrem dicht bestickten Brustaufsatz erinnerten mich an griechische Volkstanzgruppen, aber das war – schlimmer als bloß ein Fehler – fast schon ein Verstoß gegen Sitte und Anstand, den mir der aromunische Experte zwar nachsah, auf den hinzuweisen er aber ein dringliches, pädagogisches Bedürfnis hatte.

Soweit ich seine Ausführungen verstand, unterschieden sich die aromunischen von den griechischen Trachten darin, dass die Stoffe der Aromunen teurer waren, weil diese stets Geld gehabt, zu den reichsten Gruppen des Balkans gezählt und als Händler von Tuch und Seide sich immer ein wenig vom Kostbarsten für den eigenen Gebrauch, zumal für die Kleidung der Frauen, zurückbehalten hatten. Und außerdem tanzten die Griechen wild und unbeherrscht, die Aromunen aber wären von ihrem Naturell her zurückhaltend und auf strenge Formen bedacht. Das alles erklärte er mir, während ringsum die Leute riefen, lachten, rauchten und klatschten, die Kinder durch die Stuhlreihen kraxelten und auf der Bühne zwei verruchte Discoqueens nationale Besinnung predigten, indem er mir, kaum dass ich abgelenkt wurde und mein Blick unaufmerksam im Raum herumirrte, kräftig auf den Oberarm boxte und mich streng ins Auge fasste. Kein Zweifel, ich befand mich in einem Reich, in dem der kleinste Unterschied regierte. So viel verstand ich, dass die Aromunen eifersüchtig Unterschiede hüteten und in der Gefahr standen, diese schon für das Wichtigste, ja für ihr Wesen zu halten. Und was konnte nicht alles ein wenig anders sein als beim Nachbarn und überall sonst in der Welt! Die Hirtenstäbe, die mir gezeigt wurden, hatten einen anderen Knauf, die Krüge einen anderen Henkel, die Männer andere Augenbrauen, und erst die Frauen … Geradezu wütend wurde auf jedwede kleine Abweichung hingewiesen und darauf beharrt, dass es ebendiese wäre, die es ausmache. Was? Die Schönheit? Die Freude? Das Aromunentum?

Vier Tanzgruppen, aus verschiedenen Städten angereist, hatten ihren Auftritt, und immer wenn eine von ihnen abtrat, gingen die beiden Mädchen an die Rampe, um es im Geschrei des Publikums, in diesem ständigen Kommen und Gehen wieder mit flammenden Reden zu versuchen. Ein paar Mal, wenn sie es gar zu begeistert angegangen waren oder im Publikum der Lärm zu groß wurde, hielten sie selber auflachend inne und stupsten sich gut gelaunt an. Wenn die nächste Tanzgruppe die Bühne betrat, kamen die Tänzerinnen und Tänzer der vorigen zumeist gerade aus der Garderobe vom Umziehen zurück und nahmen im Publikum als sachkundige Zuseher Platz. Eben hatten sie noch die edlen Trachten angehabt, nun waren sie hergerichtet wie nur irgendwo die städtische Jugend, die sich freitagabends auf den Weg in die Diskothek macht, stark geschminkt und in enge Jeans gezwängt die Mädchen, die jungen Männer mit Gel im Haar, Flinserl im Ohr und in Turnschuhen, und jeder von ihnen hatte einen großen Plastiksack dabei, in den er sein Trachtenkostüm gestopft hatte.

Die zwei Mädchen beendeten ihren Auftritt mit dem wiederholten Ruf »Limba Armâneasca«, was »aromunische Sprache« heißt, aber in diesem Augenblick mindestens noch bedeutete: »Unsere teure Muttersprache, wir werden sie niemals verraten, mögen die vereinten Feinde unseres Volkes kommen, wir werden nicht von ihr lassen, niemals!« Dann betrat der Dichter, ein schmaler, bleicher Jüngling, die Bühne und las ein Gedicht vor, für das er mit einem Preis der Kulturstiftung ausgezeichnet worden war. Das Gedicht, das er vortrug, stammte von Charles Baudelaire, und er hatte seinen Preis dafür bekommen, ein Gedicht dieses weltberühmten Autors in die Limba Armâneasca übertragen zu haben. Selten mag in der Welt ein Gedicht Baudelaires so bejubelt worden sein wie hier, in diesem Kulturhaus, in dem der Feiertag der Nation begangen und dankbar eines türkischen Sultans gedacht wurde, von Leuten, die gewiss noch nie etwas von Baudelaire gehört hatten und nichts von seinen Exzessen im Paris des 19. Jahrhunderts. Aber das machte nichts, denn die Aromunen, gastfreundlich bis zur Selbstaufgabe, neugierig auf die Welt und begierig, sich dieser mitzuteilen, machten rasch jeden, der guten Willens war, sich für sie interessierte oder, wenn er das Pech hatte, schon länger tot zu sein, immerhin ins Aromunische übersetzt wurde, zu einem der Ihren.

5

Am Morgen erschallte ungebührlicher Waffenlärm vor dem Hotel. Es war vereinbart, dass wir uns um sieben Uhr mit einer der Volkstanzgruppen treffen und sie auf die kleine Tournee in den Westen des Landes, an die albanische Grenze nach Ohrid und Struga begleiten sollten. Die jungen Tänzerinnen und Tänzer waren schon da, gezeichnet von der Nacht, die sie in den Discos von Skopje verbracht hatten, der Bus stand bereit, und Dina Cuvata, Vorsitzender der »Union vlachischer Kulturvereine«, ein dürrer, ewig rauchender Mann, der sich in flackernder Begeisterung für die Sache der Aromunen verzehrt, rief zur Eile. An der Rezeption aber traten zwei Unbekannte zu uns, erklärten, dass sie uns im Auftrag der »Liga a Armânjlor« nach Štip, im Osten des Landes nahe der bulgarischen Grenze, zu bringen hätten, wo wichtige Leute warteten, den Gästen aus Österreich die Lage zu erklären. Die beiden wirkten eminent seriös und behandelten uns wie Staatsgäste, was nicht gerade für sie einnahm, doch schnappten sie entschlossen unser Gepäck und verließen mit uns das Hotel. Dass wir mit ihnen gemeinsam auf den Vorplatz traten, löste bei den Repräsentanten der Union vlachischer Kulturvereine Verwirrung und Unmut aus, die alsbald in schreiende Empörung umschlugen. An die zwölf Männer standen auf dem Parkplatz, schrien sich an und rissen an unseren Koffern. Wir standen ein wenig abseits und wunderten uns, weil in den Koffern nichts Wertvolles war. Nach einigen Minuten, die keine Entscheidung im Hin und Her gebracht hatten, zogen sich

zwei Verhandler zurück, man sah sie am Rande des Park-
platzes zuerst heftig gestikulieren, dann ruhiger werden.
Inzwischen ließen sich die Streitenden, um unsere Koffer
geschart, nicht aus den Augen, wandten sich aber immer
wieder mit der gemeinsamen Versicherung, dass alles in
Ordnung sei, beruhigend an uns.

Nach den Verhandlungen der zwei Emissäre schien ein
erzwungener, feindseliger Friede ausgebrochen zu sein, und
die Leute von der Union vlachischer Kulturvereine, die
wir gestern Abend kennengelernt hatten, erklärten mit
amtlicher Miene, dass es interessanter für uns wäre, nach
Štip zu fahren, trugen das Gepäck eigenhändig zum Bus
der Liga a Armânjlor und verabschiedeten sich von uns
mit traurigen Umarmungen. So wurden wir Staatsgäste
der Liga und fuhren auf Empfang nach Štip. Erst nach und
nach in den folgenden Tagen erfuhr ich, was es mit den
beiden verfeindeten Organisationen auf sich hatte.

In der jugoslawischen Ära hatten die Aromunen keine
eigenen nationalen Vereine gründen dürfen. Eigenartigerweise lobten dennoch viele von ihnen das untergegangene
Jugoslawien als den besten Staat, den es auf dem Balkan
jemals gegeben habe. In den abgelegenen Dörfern stieß
ich in den Häusern oft auf eine Art Altar, dessen Christus-
Ikone in der Mitte von Fotografien der in Australien oder
Amerika lebenden Verwandtschaft sowie einem Bildnis des
Marschalls Tito gerahmt war. Wie die Mazedonier schienen auch die Aromunen Tito noch immer zu verehren. Er
hatte nur einen einzigen Fehler, er war Kommunist, und
die Aromunen waren seit jeher Händler und Privatunter-
nehmer gewesen. Und auch Jugoslawien hatte nur einen
wirklichen Fehler, es war ein kommunistischer Staat, in

dem es Händler nicht so leicht hatten, sich geschäftlich zu entfalten. Bei allem anderen, was man an Tito und seinem Jugoslawien vielleicht noch kritisieren konnte, musste man nachsichtig sein, denn die Lage war schwierig gewesen, die Probleme mit den vielen Völkern hätte kein anderer Präsident in keinem anderen Staat besser lösen können, und überhaupt: Damals, als Jugoslawien existierte, war man als Mazedonier noch ein Europäer!

Stevo hatte mir am ersten Abend erzählt, dass er nach der Schule durch Europa getrampt war; er hatte das Salzkammergut gesehen, sich in Genf über die Preise gewundert und in Amsterdam kiffende Jugendliche aus allen Ländern kennengelernt. Seither war vieles geschehen, und die Europäische Union, die die Einheit verkündete, hatte inzwischen die Teilung Europas besiegelt. Heute, da er ein erfolgreicher Unternehmer war, konnte Stevo nicht mehr ohne Weiteres ins Salzkammergut oder nach Amsterdam reisen. Dafür musste er sich in die endlosen Schlangen vor einem der westlichen Konsulate in Skopje einreihen, um ein Visum zu erhalten, und Einladungen vorweisen, in denen Österreicher oder Holländer notariell versicherten, im Krankheitsfalle für ihn zu sorgen, im Todesfalle seine Überführung zu begleichen, sodass in jedwedem Unglücksfalle keinem der Staaten der Union ein materieller Schaden daraus erwachsen könnte, dass ein Mann, der sich schon als Jugendlicher Europa angesehen hatte, es jetzt womöglich wieder tun wollte. Dabei, sagte Stevo, bin ich kein Krimineller. Da musste ich ihm widersprechen, denn Osteuropäer zu sein, ist zweifellos eine Vorstrafe, und im falschen Teil Europas geboren zu sein, ein Delikt, das einem nicht so leicht nachgesehen wird.

Aber Jugoslawien, mit dem die allermeisten Aromunen sympathisierten, obwohl es sie als Nationalität nicht anerkannte und ihre privatwirtschaftliche Existenzweise nicht unbedingt förderte, war zerfallen. In Serbien gab es nur ein paar aromunische Gemeinschaften, von denen die in Belgrad seit jeher hoch angesehen war und in der kommunistischen Ära viele der Außenhandelsgeschäfte mit den kapitalistischen Ländern organisiert hatte. Die meisten jugoslawischen Aromunen fanden sich hingegen in der souverän gewordenen Republik Mazedonien wieder und gründeten dort ihre erste offizielle politische Organisation. Seither sind es mehrere geworden, und zwischen ihnen besteht harte Konkurrenz, ja unversöhnliche Feindschaft. Der aromunischen Liga, mit der wir jetzt durch flaches Land ostwärts fuhren, war die vlachische Union nichts als ein Kulturverein betulicher Romantiker, denen es genug war, gemeinsam von der großen Vergangenheit zu träumen. Die Unionisten wiederum verachteten die Liga als eine politische Interessengruppe von Opportunisten, die keine echte Verbindung mit der aromunischen Kultur hatten, meist auch die Limba Armâneasca nicht mehr beherrschten und sich der Minderheit bedienten, um dem Staat ein paar Privilegien abzupressen.

Wir fuhren über fruchtbares, landwirtschaftlich intensiv genutztes Land, und Mitko Kostov-Papuli, Präsident der »Liga a Armânjlor« und Abgeordneter im mazedonischen Parlament, ein gewandter Mann von einigen vierzig Jahren, der gerade dabei war, dick zu werden, deutete aus dem Fenster: »Die Aromunen kultivieren alles, und dann ziehen sie weiter.« Dass die Zivilisation mit den Aromunen in die Welt, zumindest aber auf den Balkan gekommen war, hörte ich noch oft. Der Präsident setzte jedoch fort, dass die Aromunen jetzt endlich darangingen, die Früchte ihrer Arbeit auch selbst zu ernten. Mazedonien wäre ein guter, gefährdeter Staat, bedroht von der Arroganz Griechenlands, das sich im historischen Recht wähnte, »Mazedonien« als griechisches Wort und Land zu beanspruchen; von der Ignoranz der Europäischen Union, die keine Anstalten machte, Mazedonien als zivilisiertes Land anzuerkennen; und vor allem von den Albanern, die schon immer eine starke, bestens geförderte, aber ewig unzufriedene Minderheit im Lande gebildet hatten. Durch den von ihnen vom Zaun gebrochenen Krieg im Kosovo hatten sie Hunderttausende ihrer Landsleute als Flüchtlinge nach Mazedonien gebracht, damit sie im nächsten von ihnen provozierten Krieg einen Teil dieses Staates herausbrechen und mit dem Kosovo und Tirana-Albanien endlich zu einem Großalbanien der Drogenhändler und Autoschmuggler vereinen könnten. Während die Albaner ihre eigene Sache medial erfolgreich vermittelten und die Welt davon überzeugten, dass sie überall unterdrückt würden, unterdrückte Albanien seine eigenen Minderheiten geradezu brachial. Die Remeri stellten in Albanien die zweitgrößte Bevölkerungsgruppe, und doch gab es sie offiziell gar nicht; auch bei den Volkszählungen, die nach dem Ende der kommunistischen Diktatur folgten, war ein Bekenntnis zur aromunischen Nationalität nicht möglich, denn auf den amtlichen Formularen könne man sich nur als Albaner, Grieche oder Roma bezeichnen. Im Kosovo wiederum wurden die Aromunen von der kosovarischen Befreiungsarmee ebenso drangsaliert wie Serben oder Roma, weil es den Albanern eben niemals um ein friedliches Zusammenleben gegangen wäre, sondern nur um ihre nationale Unabhängigkeit: »Freiheit ist gut, aber nationale Unabhängigkeit für jeden ist barbarisch.«

In Mazedonien hingegen wurden den Aromunen jetzt nach und nach kulturelle Rechte zugestanden, sagte Kostov-Papuli, sodass sie mittlerweile sogar eigene Sendungen im Fernsehen gestalten konnten. Auch durften sie ihre Namen wieder aromunisieren, aber das war schwierig, denn die alten Namen waren oft in keinem amtlichen Dokument von früher nachgewiesen, und nur die mündliche Familientradition wusste, wie er lautete und dass er der wahre, seit Generationen verbotene Name war.

Als wir um zehn Uhr verspätet in Štip, einer freundlichen Kleinstadt, eintrafen, wurden wir schon dringend erwartet. Hatten wir am Abend zuvor ein Fest der Union vlachischer Vereine erlebt, waren wir nun Gäste eines Festes der aromunischen Liga, das der Veranstaltung in Skopje zum Verwechseln glich. Von ihren Festen her könnten Union und Liga unverzüglich einen Vereinigungsparteitag einberufen. Allerdings war es jetzt Vormittag und nicht Abend, was womöglich den Eindruck des Bizarren verstärkte. Mit einem Ruck war der lärmende Saal aufgesprungen, um in ein Lied einzustimmen, das aus dem Lautsprecher schallte und als Nationalhymne der Aromunen galt:

»Aus der Tiefe ihrer Gräber
rufen unsre braven Väter:
Schwerer Fluch soll alle brechen
Die die Muttersprache nicht mehr sprechen.
Wer die eigne Sprach' verlässt
Sei von Feuersnot gehetzt.«

Nach langem Beifall, den die Anwesenden ihrer nationalen Unbeirrbarkeit spendeten, kamen die Trachtengruppen, die den Reigen ebenso gekonnt und würdevoll wie die von gestern zu tanzen wussten und deren Mitglieder, wie ich später merkte, ebenso wenig wie die jungen Leute von Skopje noch Aromunisch, die Muttersprache der Großmutter, verstanden. Sie waren begeisterte Aromunen, aber weder aktiv noch passiv beherrschten sie die Limba Armâneasca, auf die sie die Hymne so drohend verpflichtete. Ihr flammendes aromunisches Bekenntnis, ein ums andere Mal legten sie es in mazedonischer Sprache ab. Endlich wurde es still, der Höhepunkt war gekommen, eine voluminöse Fünfzigjährige, der Star der Veranstaltung, erklomm in großer Abendrobe das Podium. Begleitet von einem Orchester, das über Lautsprecher mit fetten Bässen aus der Kassette dröhnte, sang sie hingebungsvoll Schnulzen, die sie aus dem Mikrofon zu wringen schien. Meinem Nachbarn, einem vitalen älteren Herrn mit weißem Haarschopf, der mir immer erklärt hatte, was gerade vorfiel, flossen die Tränen über das Gesicht, was er sichtlich genoss. Als ich ihn fragte, wovon das Lied handelte, sagte er: »Sie singt von ihrem Verlobten, der in Amerika ist. Sie wartet auf ihn, aber er hat kein Geld, zurückzukommen.«

6

Ein Mensch, der in rascher Folge so viel Gescheites sagte und so viel Blödsinn daherredete, so einnehmende und abstoßende Züge zugleich hatte wie Naum Karabatak, war mir noch selten begegnet. Der weißhaarige Herr, der über den in Amerika verlorenen Verlobten der beleibten Sängerin weinte, war selber zwanzig Jahre in Cincinnati gewesen, wo er bei einem jüdischen Passfotografen arbeitete. Nach Amerika kam er 1964 über Zwischenstationen in Rotterdam und Brüssel, wo er auch schon getrachtet hatte, bei Juden Anstellung zu finden, denn einzig sie schienen ihm, was die flinke Auffassungsgabe betraf, mit den Aromunen mithalten zu können. Er behauptete, acht Sprachen fließend zu sprechen, und hatte in den nächsten Tagen Gelegenheit, es mir in immerhin vier zu beweisen. Von seiner schulischen Ausbildung her war er ein einfacher Mann, aber er hatte sich auf der Universität des Lebens eine universelle Halbbildung angeeignet, deren Lücken er verwegen mit Erfindungen und Fantastereien füllte. Als er hörte, dass wir mit der Union vlachischer Vereine westwärts in Richtung Albanien hätten fahren sollen und von der aromunischen Liga auf eine Reise entlang der bulgarischen Grenze im Osten gekapert worden waren, machte er den vernünftigen Vorschlag, es statt mit offizieller doch mit seiner privaten Begleitung zu versuchen und in seine Heimatstadt im Süden Mazedoniens, nach Bitola an der griechischen Grenze durchzubrennen.

Mazedonien ist ein kleines Land, man erreicht von der Hauptstadt Skopje nach ein paar Stunden immer eine Grenze. Alle Nationalitäten, die jenseits der mazedonischen Grenzen ihren Staat haben, finden sich aber auch in Mazedonien selber, Bulgaren, Serben, Albaner, Griechen, und es kommen noch ein paar Völker mehr dazu, Türken etwa, Rumänen, Roma und Aromunen. Die inneren Grenzen zwischen ihnen sind bald fließend, bald werden sie durch einen Komplex äußerlicher, lokaler, sozialer

Merkmale, die dem Uneingeweihten verborgen bleiben, scharf bestimmt und durchaus schroff gezogen. Karabatak war ein Meister der permanenten inneren Grenzziehung, unentwegt war er damit beschäftigt, die Menschen, die er sah, nach ihrer ethnischen Herkunft abzuschätzen, und wenn sich nur irgendwie Gelegenheit bot, verwickelte er sie gerne in ein Gespräch über seine Mutmaßungen, die erstaunlich oft zutrafen. Nein, nicht erstaunlich oft. Das Erstaunen über seine Fähigkeit, in einem Spaziergänger sofort den Bulgarisch- oder Griechischstämmigen zu erkennen, kippte bei mir nach ein paar Tagen vielmehr in Entsetzen. Nicht erstaunlich, erschreckend war diese Gewohnheit, die Menschen auf ihre ethnische Herkunft hin zu erfassen, sie nach unmerklichen physiognomischen Besonderheiten zu taxieren, die sie als Albaner, Rumänen, Aromunen auswiesen. Erschreckend, dass auch die allermeisten derer, die Karabatak ethnisch geprüft hatte, sein Spiel durchaus akzeptierten. Es schien in Mazedonien üblich, dass sich die Leute, die es miteinander zu tun bekamen, mittels unmerklicher Zeichen und Signale einer der vielen Volksgruppen zuordneten.

Karabatak war empört, als ich ihn fragte, ob das nicht ziemlich rassistisch wäre. Rassistisch? Er? Er hatte ja gegen niemanden etwas, er kam mit jedermann gut aus, ich musste doch bemerkt haben, dass er bei allen Volksgruppen sehr beliebt war! Sogar die Albaner, auf die er auf der Straße mit gestrecktem Zeigefinger zuschritt, um sie zu fragen, ob sie wohl Albaner seien, mochten ihn, der die Albaner wiederum von allen mazedonischen Nationalitäten am wenigsten mochte, weil sie sich nach und nach die Gasthäuser, die Geschäfte, den Bazar der Städte unter den

Nagel rissen. Warum ihnen das gelang? Natürlich weil sie am fleißigsten sind, strahlte Karabatak, das ist doch logisch! Und nach uns, den Aromunen, und den Juden auf der Welt die Tüchtigsten! Die Albaner kommen überall durch, und in Amerika hätte er mit ihnen sogar freundschaftlichen Verkehr gepflegt. In Amerika hatten sich nämlich gerade die Mazedonier, die ihm doch am nächsten standen, neidisch von den Aromunen abgewandt. Wenn zwei aus Skopje auswanderten, war es immer der Aromune, der es rasch zu was brachte, und das nahm ihm der schwerfälligere Mazedonier, der nach zwanzig Jahren womöglich immer noch in der Fabrik schuften musste, natürlich übel.

Amerika war für tüchtige Leute wie die Aromunen überhaupt ein schönes Land. Aber auf Dauer konnte man es in Amerika nicht aushalten, denn dieses reiche, schöne, freie Land hatte ein großes Problem. Es hatte unanständigerweise das Englische zu seiner Staatssprache gemacht. Für welche Sprache hätten sich die Gründerväter der USA sonst entscheiden sollen? Natürlich für eine Indianersprache! Karabatak schnaubte verächtlich, dass ich so schwer von Begriff war. Nur das hätte den Fluch lösen können, der auf den Eroberern lastet. »Schau sie dir doch an, sie haben das meiste Geld und sind doch nicht glücklich, jeder braucht einen Psychiater, die Kriminalität ist entsetzlich, und feiern kann man mit ihnen auch nicht, das ist der Fluch, weil sie ihre Schuld nicht getilgt und keine Indianersprache zur Staatssprache der Vereinigten Staaten von Amerika gemacht haben!«

Wenn Karabatak die Welt erklärte, riss er mich immer in einen Strudel aus unerwarteten Einsichten und wüsten

Vorurteilen, aus Freimut und kleinlicher Pedanterie, aus Großherzigkeit und Berechnung hinab. Die inneren Grenzen, die er in Mazedonien unablässig beobachtete, beschrieb und damit auch befestigte, schnitten durch ihn selbst. Sein Vater war ein griechischer Vlache, aber aus keiner rein vlachischen Familie, die Mutter Aromunin aus Bitola gewesen. Wenn er mir etwas erzählte, gebrauchte er dazu meist beide Hände, was der brausenden Fahrt in seinem Auto einen zusätzlichen Kitzel verschaffte. Irgendwann musste ich den heiklen Punkt ansprechen, und so gestand ich ihm, dass wir westliche Fernsehzuseher der jugoslawischen Zerfallskriege uns immer gewundert hätten, wie die Leute eines Dorfes, einer Region, die sich gegenseitig vertrieben oder massakrierten, eigentlich wussten, wer zu welcher Seite, zu welcher ethnischen Gruppe gehörte. Schon ein paar Hundert Kilometer weiter nördlich konnte man sie weder von ihrem Aussehen oder ihrer Sprache voneinander unterscheiden, noch wusste irgendjemand, was denn eigentlich der gottverdammte Unterschied zwischen Slowenien und Slawonien, zwischen Serben und Kroaten der Krajna war.

»Wir erkennen einander eben. Das gehört zur Würde eines Menschen, dass er erkannt wird als der, der er ist.«

»Das könnte in einem Bürgerkrieg aber schlimme Folgen haben.«

»Bürgerkrieg! Die Einzigen, die immer mit Krieg spekulieren, sind doch die Albaner! Sonst wollen alle Frieden! Die Albaner spekulieren mit dem Krieg, weil bei ihnen der Einzelne nichts gilt, sondern nur die Familie. Es macht ihnen nichts, wenn ein paar draufgehen, solange es dem Clan nutzt. So waren sie immer. Pass auf und erzähle es allen, wenn es je so weit kommt: Wenn es einmal doch Krieg in Mazedonien geben sollte, sag ihnen, dass niemand ihn wollte, nur die Albaner.«

7

Wir standen am »Cimitir Armânescu«, am aromunischen Friedhof von Bitola, vor dem Grab von Naum Karabatak und erfreuten uns der Witze, die er machte. Nach der Scheidung von seiner Frau war er nach Mazedonien zurückgekehrt, er hatte in Bitola noch einmal geheiratet, keine Aromunin zwar, sondern eine Mazedonierin, die aber trotzdem eine gute Frau war, und sich zu seinem siebzigsten Geburtstag ein Grab gekauft. Der aromunische Friedhof lag ein wenig außerhalb der Stadt, unweit von Herakleia, einer großen Ausgrabungsstätte, wo Archäologen seit fünfzig Jahren einen alten Tempelbezirk mit prächtigen Mosaiken freilegten. Der Cimitir Armânescu war auf gepflegte, stimmungsvolle Weise verwildert, die Gräber hatten meist die Form eines hohen Bettes oder eines Bettkastens und ragten mitsamt dem Mauerwerk etwa einen Dreiviertelmeter aus der Erde, was den Eindruck von Steinsärgen inmitten hoch wuchernden Grases verstärkte. Das Grab Karabataks war schön gepflegt, in die dunkle Grabplatte waren sein Name und das Geburtsjahr 1929 eingraviert. Er sagte, er käme oft hierher und müsste viel weinen, weil er nachher ja keine Gelegenheit dazu mehr haben würde und überzeugt wäre, dass über ihn gar nicht genug geweint werden könne.

Ein paar Schritte weiter war das Grab der Brüder Milton

und Iannachi Manakia, die um 1900 aus Paris die Kinematografie übernommen hatten und die Filmkunst auf dem Balkan begründeten. Die Filmsequenzen, die sich von ihnen erhalten haben, zeigen Szenen aus dem familiären Alltag der Manakias, von der Arbeit der Handwerker und Volksfesten auf dem Lande. Ein paar Meter weiter thronte das imposante Grabmal von Constantin T. Belimace, der den mazedonischen Aromunen als ihr größter Dichter gilt; die Preise, die an junge Dichter und verdiente Volksbildner verliehen werden, haben ihn zum Namenspatron. Als er 1934 starb, war er hochbetagt, und Karabatak erwies ihm die Ehre, indem er sich vor seinem Grab bekreuzigte. Kaum war er damit fertig, wies er auf die Gräber, in deren Platten kyrillische Buchstaben eingemeißelt waren, und empörte sich über diese neue, unsinnige Mode. Die Aromunen beherrschten selbstverständlich das griechische und das kyrillische Alphabet, aber ihre eigene, romanische Sprache durfte doch nicht auf diese Weise, sondern ausschließlich mit lateinischen Buchstaben geschrieben werden! Auch wenn sie orthodoxe Christen waren, hatten sie doch weder das Altbulgarische noch das Kirchengriechische als Sprache ihrer Messen akzeptiert. Heute musste freilich ein mazedonischer Geistlicher sonntags die Messe in der einzigen aromunischen Kirche halten, und der mochte die Aromunen nicht, hielt die Besonderheiten, an denen sie auch in der Kirche festhielten, für Ketzerei.

Bitola, das historische Monastir, ist eine schöne, große Stadt, die den in seiner Unwissenheit befangenen Besucher aus dem Westen überrascht. Im tiefen Mazedonien findet er eine lebhafte, geschäftige Universitätsstadt vor, deren Namen er zuvor nicht kannte und die ihn mit ihren schicken

Geschäften, mit Bars und Restaurants an jene italienischen Städte erinnert, die ihm urbane Leichtigkeit und mediterrane Lebenskunst am besten zu verwirklichen schienen. Der Corso, der hier immer noch Tito-Promenade heißt, beginnt um zweiundzwanzig Uhr aufzurauschen und sieht Jung und Alt bis lange nach Mitternacht auf und ab flanieren. Zu einer Stunde, da die mitteleuropäischen Großstädte sonntags in Langeweile erstorben waren, strömten die Leute hier von wer weiß wo zusammen, und binnen Minuten waren Tausende unterwegs, sie schlenderten die Promenade aufwärts, die Promenade abwärts, die Gasthäuser in den Seitengassen füllten sich, Zigeunerkapellen spielten in den Gastgärten auf, und die wildesten Burschen flitzten mit ihren Mopeds durch die Fußgängerzone. Es dauerte bis knapp vor ein Uhr früh, ehe der Reigen, so unvermittelt er begonnen hatte, mit einem Mal abbrach.

Wir waren im Hotel Epinal im Zentrum untergebracht, einem unansehnlichen Getüm mit zwölf oder vierzehn Stockwerken. Karabatak hatte uns erzählt, dass das Hotel aus geweihtem, geschändetem Boden wuchs, denn dies war der Platz, auf dem bis in die Fünfzigerjahre die aromunische Kirche gestanden hatte. Dann war die Kirche, aus städtebaulichen Gründen, wie es hieß, aus dem Zentrum entfernt und Stück für Stück abgetragen worden. Weil sie als Kulturdenkmal anerkannt war und der Streit mit der aromunischen Gemeinde nicht eskalieren sollte, wurde sie in einem stillen Vorort wieder aufgebaut. Als wir am Sonntagvormittag auf die Suche gegangen waren, konnten wir die Kirche zuerst gar nicht entdecken. Gut verborgen von ein paar größeren Wohnhäusern, stand sie in einem Innenhof neben Werkstätten und Garagen.

Vier sehr alte Herren, die Hosen hoch bis zur Brust heraufgezogen, breite Krawatten zu großen Sonntagsknoten gebunden, waren in der Sakristei gesessen, und mir kam nicht vor, dass wir sie in einem Gespräch gestört hatten, sondern dass sie es gewohnt waren, seit vielen Jahren so beisammenzusitzen und Wache zu halten, Wache zu halten, dass ihre Kirche nicht wieder abgetragen wird, dass keiner von ihnen sich aus dem Staub macht und unerlaubterweise stirbt, dass die Welt noch eine Weile erhalten bleibt und es noch eine Weile diese Sonntage, dieses gemeinsame Warten und Wachehalten gibt. Gleich standen sie auf und führten uns in eine geradezu innig ausgestattete Kirche, in der es stark nach Weihrauch roch und sehr warm war, weil Hunderte kleiner und größerer Kerzen brannten, in Töpfe und Kästchen mit Sand gesteckt. Zur Messe am Sonntag um halb acht Uhr früh kamen nur mehr fünfzehn Leute, gaben die Alten zu, zum Hochamt zu Ostern aber wären es noch immer ein paar Hundert. Die großen Kerzen wurden zur Verehrung der Heiligen angezündet, die kleinen zum Gedächtnis der Toten. Die alten Herren folgten uns auf jeden Schritt, den wir taten, unsere Unterhaltung beschränkte sich auf freundliches Murmeln und Zunicken, wenn wir wieder etwas Neues gesehen hatten und uns anerkennend zu ihnen wandten.

Als wir zurück in der Sakristei waren, wollten uns die alten Herren, von denen kein lautes Wort zu hören war und die wirkten, als hätten sie die Kraft zu lauten Worten schon eingebüßt, etwas anbieten, wie es sich Gästen gegenüber gehört. Aber sie hatten nichts. Eindringlich flüsterten sie, dann schlurfte einer von ihnen hinaus, während wir, die zurückblieben, einander aufmunternd zunickten, bis nach einigen Minuten das Schlurfen wieder näher kam, der Alte von vorher eintrat und sich mit verlegenem Kopfschütteln zu seinen Gefährten gesellte. Als wir auf der Bank vor der Kirche saßen, begann einer der Alten, nachdem er die dazu notwendigen Utensilien umständlich aus seiner Rocktasche geholt hatte, mit zittrigen Fingern eine Zigarette zu drehen. Es dauerte eine Weile, bis er sie, in der freundlichen Stille von uns allen dabei beobachtet, fertig hatte, ein redlich unansehnliches, unregelmäßig gestopftes Ding. Feierlich überreichte er mir die Zigarette, die alten Herren nickten heftig und musterten mich, ob mir das Geschenk auch zusagte, und ich begann, meine erste Zigarette nach sechzehn Jahren mit der inständigen Hoffnung zu rauchen, doch nicht hier in Bitola, auf dieser aromunischen Reise durch Mazedonien, wieder zum Raucher zu werden. Aber schon der erste Zug schmeckte, anders als ich mir das lange eingeredet hatte, ganz ausgezeichnet.

8

Am nächsten Morgen wartete Karabatak mit seinem Auto vor dem Hotel, um uns ins Gebirge zu fahren und Nižepole, eine alte Bastion des Aromunentums, zu zeigen. Steil führte die enge Straße hinauf, der Ort lag tausend Meter hoch. An ihren Trümmern erkannte man, dass dies einst eine ansehnliche Gemeinde gewesen sein musste. Jetzt waren von den vielen Hundert Häusern vielleicht noch sechzig bewohnt, die anderen verfielen nach und nach zu Steinhaufen. Überall waren solche riesigen Steinhaufen zu sehen, und da und dort konnte man noch eine Straße ahnen,

die zwischen ihnen, als sie noch Häuser waren, hindurch-
geführt hatte. Rund zweihundert Menschen waren in diesem Dorf aus Schutt und Stein geblieben, und als wir vom
Ortseingang langsam höher schritten, schlossen sich uns
all die älteren Männer an, die mit ihren Frauen freundlich
aus den Fenstern geblickt und gefragt hatten, wer wir waren und was wir hier wollten. Karabatak kannte ohnehin
die meisten von ihnen und erklärte uns, dass dieses kleine,
klein gewordene Nižepole die ganze Welt sei, denn immer
noch lebten Türken, Mazedonier, Griechen, Albaner und
Aromunen hier und nutzten das Aromunische als Lingua
franca. Er war überzeugt, dass es besser um den Balkan
stünde, wenn sich all die eifersüchtig um ihre Nation und
ihren Staat streitenden Völker des Aromunischen als ge-
meinsamer Sprache bedienten.

Auf halber Höhe des Ortes stand ein Turm, dessen
Glocke 1853 aus Wien geliefert wurde, nicht immer war
Nižepole so vergessen gewesen wie heute. Dahinter streckte
sich in diesem steilen Ort eine kleine Hochebene mit einer
mächtigen Schule, deren Fenster zerbrochen waren. Die
Steinstufen, die zu ihrem Eingang hinaufführten, waren
geborsten, und Gras und Unkraut nahmen das imposante
Gebäude gerade wieder in Besitz. Hier wurden keine Kinder mehr unterrichtet, die wenigen, die es in Nižepole
gab, brachte der Schulbus nach Bitola. Auf die Frage, wer
von ihnen in diese verfallende Schule gegangen war, zeigten alle unsere Begleiter auf, und begeistert gingen sie auf
den Vorschlag ein, sich für ein Schulfoto auf die Stufen
zu setzen. Mit einem Mal wurden aus würdigen älteren
Herren ausgelassene Schulkinder, die aufgeregt durch-
einanderredeten und sich allerlei Unfug einfallen ließen.

Ehe sie sich niedersetzten, richteten sie einander die Haare und die Jacke, dass sie auf dem Foto auch ordentlich aussähen, konnten dann aber kaum ein paar Sekunden den ernsten Ausdruck wahren, so schwer war ihnen das Stillhalten und Ruhigsitzen geworden. Hinter dem Kopf des Nachbarn deuteten sie für die Kamera mit den gespreizten Fingern das Eselszeichen, und alle paar Augenblicke begann einer, so übermütig zu lachen, dass er die anderen mitriss.

Auf dem Rückweg lud uns eine alte, drahtige Frau mit fein geschnittenen Gesichtszügen in ihr Haus ein. Wir nahmen auf einem Sofa mit dicken Schafdecken Platz und bekamen zuerst ein geliertes Zuckerstück, das auf einer Kaffeeuntertasse serviert wurde, dann eine Schale mit Erdnüssen, darauf Kaffee und am Ende Schafskäse und gesalzene Gurken gereicht. Erst dann wurde gesprochen. Die Fotografien an den Wänden, die verschiedene Generationen der Familie zeigten, waren meist bei Hochzeiten oder Taufen aufgenommen worden. Auf dem Tisch darunter standen Vasen mit künstlichen Blumen. Ja, sagte sie, das wären ihre Kinder und zwölf Enkelkinder, und die lebten alle in Australien, die meisten von ihnen in Perth, ein paar auch in anderen Regionen. Wir erfuhren, dass in den Sechzigerjahren allein aus Nižepole zweihundertfünfzig Familien nach Australien ausgewandert waren.

Auf der gegenüberliegenden Seite des Tales erhob sich ein hoher Berg, der bis ganz hinauf dicht bewaldet war. Die alte Frau lachte, als wir uns in ihrem blumenreichen, duftenden Garten verabschiedeten, deutete über das Tal hinüber und sagte, dass das ihr Berg wäre. Keiner, der hier wohnte, wusste, unter welchem Namen der Gebirgszug im Atlas

Albanische Hochzeit, Kruševo

verzeichnet war, für sie alle hieß er seit Menschengedenken nur »Großmutters Zahn«. Der Berg, wiewohl hoch, hatte nichts Schroffes, Steiniges, sondern eine sanfte Kuppe, denn die Großmutter hatte ja auch keinen Zahn mehr.

9

Viele hatten uns von Kruševo erzählt. Märchenhaft schön wäre diese Stadt, die sich am 2. August 1903 gegen die feudale Unterdrückung erhob und eine Republik für alle in Mazedonien lebenden Volksgruppen ausrief. Die Republik hielt sich zwölf Tage, ehe sie dem Ansturm der osmanischen Militärmacht erlag, die Kruševo mit einem furchtbaren Massaker bestrafte. Bis heute ist nicht eingelöst, was die Revolutionäre damals proklamierten. Was sie 1903 verlangten, war nämlich nicht dasselbe, was im Jahrhundert zuvor in den westlichen Ländern das Bürgertum verfochten und in Wirtschaft und Staat durchgesetzt hatte. Anders als in Frankreich oder Deutschland, wo die bürgerlichen Ziele in einem Nationalstaat verwirklicht werden sollten, kämpften die Revolutionäre von Kruševo für eine Republik gleichberechtigter Nationalitäten. Darum war nicht nur das Heer der Aufständischen, sondern auch die erste und einzige Revolutionsregierung national bunt gemischt. Ausdrücklich wurden auch die türkischen Bewohner der Stadt und die Angehörigen der islamischen Religionsgemeinschaft aufgefordert, sich der Erhebung anzuschließen. Großmut und realistische Einsicht in die Gegebenheiten des Balkans sprechen aus dem »Manifest von Kruševo«. Der Einsicht, dass dem Balkan das westliche

Konzept des Nationalstaates verheerend unangemessen ist und nur zu Krieg, Vertreibung, ethnischer Säuberung führen wird, hat sich die Region seither wieder verschlossen. Als im Zerfall des Osmanischen Reiches 1913 ein Puzzle vermeintlicher Nationalstaaten über den Balkan ausgestreut wurde, war dies der Beginn einer Ära, in der unablässig die Grenzen korrigiert, die Bevölkerungen vertrieben, ausgetauscht, neu angesiedelt wurden und immer wieder Bürgerkriege zu neuen Grenzkorrekturen und Vertreibungen führten.

Dem aromunischen Maler Nikola Martin ist in Kruševo ein eigenes Museum gewidmet. Als die Stadt 1913 an Serbien fiel, wurde der aromunische Maler sogleich zu Martinović serbisiert. 1916 besetzten die Truppen des mit Österreich-Ungarn und Deutschland verbündeten Bulgarien das Gebiet. Den Verfechtern eines großbulgarischen Reiches, in dem das Erbe des historischen Mazedonien aus der Zeit Alexanders des Großen wiederaufleben sollte, waren die Aromunen wie die slawischen Mazedonier gefährliche Separatisten, die es streng zu observieren galt; während Tausende von ihnen deportiert wurden und in Lagern jämmerlich zu Tode kamen, wurde aus Martinović der verdiente bulgarische Maler Martinov. Als nach 1945 im föderativ-sozialistischen Jugoslawien die Teilrepublik Mazedonien erstand, wurde Martinov zum großen mazedonischen Künstler Martinovski, der nacheinander Serbe, Bulgare, Mazedonier gewesen war, aber niemals der sein durfte, der er war: ein Aromune, Abkömmling der lateinisch-romanischen Bevölkerung des Balkans.

Am schlimmsten war der Druck, dem die Aromunen ausgesetzt waren, jedoch in Griechenland. Dort, wo auch heute noch die meisten von ihnen leben, sind ihnen die kulturellen Rechte am längsten versagt geblieben. Dabei ist in allen Aromunen, die ich kennenlernte, eine unbestimmte Sehnsucht nach Griechenland, das sie als ihre mythische Urheimat empfinden. Von dort, glauben sie, waren vor Tausenden Jahren ihre Vorfahren aufgebrochen, dorthin, hat man ihnen erzählt, haben noch ihre Urgroßväter im Herbst die riesigen Schafherden zur Weide getrieben. Die Vlachen, wie die Aromunen in Griechenland genannt werden, siedelten im Gebiet des Pindos-Gebirges, der im Norden gelegenen Landschaft Epiros und in Städten wie Joannina, Larissa oder Thessaloniki. Von Metsovo, dem vlachischen Aminciu, einem Ort im Pindos-Gebirge, sprechen die Aromunen in aller Welt wie von ihrem Jerusalem, in das sie dereinst zurückkehren wollen. Dort aber, im mythischen, verklärten Griechenland, wurden die Vlachen so lange rabiat verfolgt und zur Assimilation gezwungen, bis viele von ihnen das Wort »Vlache« selbst als abfällige Bezeichnung für einen Hinterwäldler, einen ungebildeten, tölpelhaften Menschen zu verwenden gelernt hatten. Triumph des Nationalismus: Die Minderheit wird mit dem Gefühl der Minderwertigkeit infiziert, sodass sie es als Schande empfindet, nicht der Mehrheit anzugehören, und dieser Schande zu entfliehen trachtet, indem sie den eigenen Kindern die Muttersprache verweigert und sie die Anpassung an die Mächtigen und Erfolgreichen, die Unterwerfung unter die Institutionen und das Geschichtsbild der Mehrheit lehrt.

Wolfgang Dahmen und Johannes Kramer, zwei deutsche Soziolinguisten, die jahrelang die aromunischen Sprachinseln in Griechenland besucht und vermessen haben, halten den sprachlichen Verfall mittlerweile für so weit fortgeschritten, dass er in Griechenland auch durch gezielte Förderung kaum mehr rückgängig gemacht werden kann. In den Fünfzigerjahren wurden die letzten Schulen geschlossen und die späten Repräsentanten vlachischer Kultur auf entlegene Inseln verfrachtet; heute versteht kaum einer von den Jüngeren mehr die Sprache seiner Großeltern. Auch als es schon Mitglied der Europäischen Union war, die den osteuropäischen Beitrittskandidaten mittlerweile den Schutz ihrer nationalen Minderheiten auferlegt, hat Griechenland die Rechte der Vlachen weiter grob missachtet. Erst in den letzten Jahren haben sich offiziell aromunische Kulturvereine bilden können; jetzt endlich, da es zu spät ist, entdeckt Griechenland seine Vlachen. Nachdem sie mittels bürokratischer Zwangsmaßnahmen, konsequenter Schul- und Sprachpolitik und medialer Demagogie demoralisiert und dezimiert wurden, sind sie zum ersten Mal wohlgelitten; gerne ruft man sie jetzt zu Veranstaltungen, denen ohne sie die folkloristische Staffage fehlen würde.

Auf das traurige Schicksal der Vlachen hatte mich in leidenschaftlichen Briefen ein Mann aufmerksam gemacht, dessen Name mir in Mazedonien viele Türen öffnete. Vasile Barba stammt aus einem zerstörten Dorf griechischer Vlachen, war mit seiner Familie aus Griechenland nach Rumänien ausgewandert, wo er bis zu seiner Pensionierung als Forstingenieur arbeitete. Spät, bei einem Besuch in seinem Heimatdorf nordwestlich von Saloniki, erlebte er seine aromunische Berufung, der er seither sein Leben widmet. Ins süddeutsche Freiburg übersiedelt, hat er das »Zentrum für aromunische Studien« ins Leben gerufen und die Provinzstadt im Breisgau, wohin er Gelehrte aus aller Welt zu Kongressen ruft, zur Exilhauptstadt der Aromunen gemacht. Auch nach Kruševo hatte mich Barba geschickt, denn ich sollte unbedingt die Altstadt sehen, die zur Gänze von Aromunen errichtet und bewohnt wurde, und die vielen aromunischen Kirchen …

Anders als in Griechenland, wo die Vlachen so lange geächtet wurden, bis keiner mehr einer sein wollte, waren die Aromunen in Mazedonien, Rumänien, Serbien in eine widersprüchliche, ja paradoxe Situation gestellt. Durften sie sich die längste Zeit nicht als Nationalität organisieren, zählten viele von ihnen doch zugleich zur gesellschaftlichen, intellektuellen und ökonomischen Führungsschicht ihrer Länder. Als Händler, Bankiers, Mäzene, Gründer von Akademien waren sie hoch geachtet, doch wurde ihnen Anerkennung und Respekt nur als Staatsbürgern, nicht als Angehörigen der aromunischen Minderheit zuteil. Zudem mussten sie sich stets gegen den Verdacht wehren, im nationalen Sinne unzuverlässig zu sein. In Albanien wird ihnen bis heute vorgeworfen, sie wären in Wahrheit verkappte Griechen, die es mit der großen Macht im Süden Albaniens hielten. In Griechenland galten sie den einen als versprengte, auf niederer Stufe der Zivilisation verbliebene Reste eines Urgriechentums, den anderen als mazedonische Agenten. In Bulgarien beschuldigte man sie häufig, in Wirklichkeit jugoslawische Mazedonier zu sein und dem heiligen bulgarisch-mazedonischen Reich Menschen und Gebiete rauben zu wollen. »Es geht uns wie den Juden«, sagte Karabatak, »wir sind überall loyal und tun für alle Staaten, in denen wir leben, das Beste, und trotzdem lassen sie uns nicht in Ruhe. Wir sind wie die Juden, nur weiß niemand etwas von dem Unrecht, das uns angetan wird.« Kein Zweifel, Karabatak war überzeugt, dass größeres Unrecht als den Aromunen noch niemandem widerfahren ist.

Als wir Kruševo erreichten, lag es in der milden Nachmittagssonne zwischen Hügel gebreitet, eine Stadt mit lauter ein-, zweistöckigen weißen und gelben Häusern, von denen viele mit Holzwerk verziert waren und sich auf charakteristische Weise nach oben hin verbreiterten: das Fundament schmal, der obere Abschluss ausladend, wie ein breiter Hut, der auf einen schmalen Kopf gesetzt wurde. Um 1900 lebten hier zwanzigtausend Menschen, heute sind es nur mehr rund sechstausend, von denen vielleicht ein knappes Tausend Aromunen sind. Neben den Mazedoniern haben sich viele Albaner angesiedelt. Ein Wirtshaus am Stadtrand, in dem Karabatak vor zwanzig Jahren gesessen war, gehörte mittlerweile einem Albaner, der sich freute, von unserem Begleiter gleich zutreffend als Albaner erkannt zu werden. Im Saal spielte eine erschöpfte Kapelle, die die ausgelassenen Tänze ungemein melancholisch anlegte, und mehr als hundert Leute tappten müde im Reigen oder saßen zerknittert vor Schnapsgläsern um die Tische. Es war der Ausklang einer albanischen Hochzeit, die bereits vor zwei Tagen begonnen hatte. Hinter dem Gasthaus ging es ein paar Meter hinunter zu einem Fußballplatz, der nur mehr ein Tor hatte, an dem zwei braune Pferde festgebunden waren. Unbeirrt grasten daneben die Schafe, und über das Fußballfeld tollten große, freundliche Hunde; Kinder im Festtagsgewand, die zur Hochzeitsgesellschaft gehörten, turnten auf rostigen Tonnen und Fässern, die auf dem Acker verrotteten. Ich stand oben und wusste, dass ich dieses Bild schon einmal gesehen hatte. Im Auto fiel mir ein, dass es im Kino war, in einem Film von Emir Kusturica.

10

Molovište ist einer der traurigsten Orte auf Erden, doch ging es in ihm so lustig zu wie nirgendwo sonst auf dieser Reise. Von Bitola westwärts fahrend, nahmen wir bei Kazem die Abzweigung und gerieten auf eine Straße, die immer steiler und enger wurde. In der Tiefe rauschte ein Bach, die Zemnica, der dem Tal den Namen gab. Molovište lag noch höher als Nižepole und war noch steiler den Hang hinauf gebaut. Früher hatten hier mehr als zweitausend Leute gelebt, und Molovište war berühmt gewesen. Denn dies war der einzige Ort, in dem nur Aromunen lebten, und es war ein Ort, in dem einen Teil des Jahres über nur Frauen lebten. Die Männer zogen als Wächter der Karawanen und Hirten übers Land, die Frauen warteten hoch im Gebirge wie in einer Festung auf ihre Rückkehr. Zwei Mal in der Woche kamen Marktfahrer und versorgten den Ort mit mehr als nur dem Wichtigsten. Sozialhistoriker haben festgestellt, dass in Molovište nahezu alles vorhanden war, was in Wien, Venedig oder Budapest als Luxus galt. Der Ort, der zu steil war, dass er landwirtschaftlich hätte genützt werden können, und in dem, wie es in alten Reiseberichten heißt, die schönsten Frauen des Landes einsam waren, galt als reich, obwohl hier nichts erzeugt wurde. Über achthundert prächtige Häuser waren in Molovište gestanden, jetzt waren es höchstens noch dreißig, die bewohnt wurden.

Die Menschen lebten hier zwischen Trümmerhaufen, die gleichwohl eine städtische Struktur von Plätzen, Gassen, Straßen, Brücken noch erkennen ließen. Vom Ortseingang zur Kirche, die ganz oben thronte, waren es wohl zweihundert Höhenmeter, die man zu überwinden hatte. Auf dem, was früher Straßen waren, schliefen Hunde, die sich nicht verscheuchen ließen, aber auch kein einziges Mal knurrten oder bellten, sondern träge liegen blieben und überstiegen werden wollten. Von zwanzig Häusern war eines noch bewohnt und, umgeben von Verwüstung und Zerfall, liebevoll mit Blumen an den Fenstern geschmückt.

Ich traf in Moloviște nur freundliche Menschen. Den Ort der Zerstörung bewohnten fröhliche Leute. Die geblieben waren, hatten sich einer heiteren Philosophie ergeben. Sie wandelten zwischen Trümmern und pflegten ihre Blumenbänke. Sie mussten, wenn sie sich besuchten, an Ruinen und Schutthaufen vorbei, aber in ihren Gärten sprossen die Rosen. Der Ort, der vielleicht noch sechzig Einwohner hatte, gehörte den Tieren nicht weniger als den Menschen. Hunde, die überall sonst auf der Welt zu fürchten waren, große Hirtenhunde, wälzten sich träge vor den Hühnern im Staub oder spazierten durch das Dorf, der Fremden, die vorsichtig innehielten, nicht achtend. An einer Kreuzung, richtiger: an einem Platz, an dem sich früher drei Wege gekreuzt haben mussten, kam uns ein Pferd entgegen, es klapperte gemächlich daher und, ohne uns eines Blickes zu würdigen, in einen tiefer gelegenen Ortsteil hinunter. Auch jetzt war Moloviște eher ein Ort der Frauen als der Männer. Der einzige junge Mann war stumm, schlenkerte beim Gehen mit Hüfte und Schultern und hatte die Aufgabe, den Schlüssel der Kirche zu hüten. Mit ihm gingen wir zur Kirche hinauf, zur Basilica St. Petka, die mächtig über Trümmer gebot.

Der Stumme schob den Schlüssel ins Schloss, und ein älterer Mann, der sich uns angeschlossen hatte, drängte sich durch die halb geöffnete Tür ins Dunkel, um die Beleuchtung einzuschalten, als wollte er, dass sich St. Petka den Besuchern aus der Fremde gleich in ihrer ganzen Pracht zeige. Um hierherzugelangen, brauchte man entweder sehr genaue Autokarten oder einen kundigen Einheimischen als Begleiter, man musste auf engen Straßen lange den Berg hinauffahren, zu Fuß durch einen verfallenen Ort gehen und den mit großen Steinbrocken verlegten Weg zur Kirche nehmen. Dann erst war man würdig, die Basilica zu betreten. Geblendet ist man von dem leuchtenden Weiß, das einen empfängt. Die drei Schiffe der Basilica sind so wie die großen Pfeiler in makellosem Weiß gehalten, das die Größe des Raumes noch betont. Über allem thront an der Decke ein Himmel aus Gold, Rot und Blau, der dem Betrachter den Atem nimmt. Der Altar ist, wie in orthodoxen Kirchen üblich, von einer Holzwand, der Ikonostase, in die Aberdutzende Ikonen eingesetzt sind, verborgen. Die Ikonen, die sonst oft so düster wirken, leuchten hier hellblau und sind mit grandiosem Schnitzwerk eingefasst.

Man erwartet an so einem Ort gar keine Kirche; man erwartet, wenn man doch von einer Kirche hört, eine kleine Kirche; wenn man einen solchen Weg hinter sich hat, erwartet man, wenn überhaupt, eine kleine, verfallende Kirche, ohne besondere Kunstschätze, mit schadhaftem Inneren. Aber die Basilica St. Petka, die sich über den Schutthaufen von Moloviště erhebt, ist eine mächtige

Basilica. Und diese mächtige Basilica ist bis ins kleinste Detail des Türknaufs vollständig restauriert und in einem Zustand, den sie so unversehrt wohl niemals hatte, als sie noch einer großen, reichen Gemeinde als Gotteshaus diente. Ein Kind Molovištes war als Jüngling vor sechzig Jahren in die Welt hinausgezogen; Nikola Paligora war mit Bankgeschäften in Wien und Skopje, im Import-Export zwischen Ost und West zu einem der reichsten Männer des Balkans geworden. 1996 ließ er seiner kaum mehr existierenden Heimatgemeinde die halb verfallene Kirche St. Petka so prächtig restaurieren, dass sie jetzt wieder als eines der bedeutendsten sakralen Bauwerke Mazedoniens gilt. Das alles erzählte uns der Mann, der die Kirchenbeleuchtung eingeschaltet hatte. Beim Weg hinunter, den der schlenkernde Stumme mit dem Schlüssel voranging, trafen wir auf einen schüchternen, vielleicht siebzigjährigen Herrn mit weichen Gesichtszügen, einfacher Kleidung, geflicktem Rock, abgeschabtem Hemd, aufgebogenen Schuhen. Dies war der Cousin des Millionärs, der damals, als der andere die Heimat verließ, in Molovište geblieben war.

II

Karabatak hatte sich in Ohrid von uns verabschiedet, zum Abschied mein Gewicht aufs Kilogramm richtig geschätzt und war nach Bitola zurückgefahren. Der Bus, der uns in die andere Richtung nach Skopje brachte, war übervoll, neben fein gekleideten Damen und Herren, die wie distinguierte Ministerialräte wirkten und Akten studierten, saßen Bäuerinnen mit Körben auf den Knien, aus denen neugierig die Gänse lugten, und junge Soldaten, die zügig die Schnapsflasche leerten. Nach ein paar Stunden tauchte am Horizont die Kulisse von Tetovo auf. Diese Kleinstadt hatte vor wenigen Jahren exzessiv zu wachsen begonnen, jetzt führte die Straße kilometerlang an ziegelroten Rohbauten entlang, in denen bereits Leute wohnten und vor denen viele Kinder spielten. In Tetovo hatten die Albaner ihre eigene Universität gegründet, in der viele Mazedonier und fast alle Aromunen, mit denen ich sprach, die feindliche Kommandozentrale vermuteten, von der die Spaltung des Landes betrieben wurde. An der Station waren drei albanische Paare ausgestiegen, die sich während der Fahrt sehr still gehalten hatten; mit ihnen verließen die einzigen Kinder den Bus, wie in Gesprächen über die albanische Frage in Mazedonien selten versäumt wurde, darauf hinzuweisen, dass die Albaner, offensichtlich aus Gehässigkeit und bösem Vorsatz, mehr Kinder bekamen als die anderen Volksgruppen zusammen. Ich wusste, dass dies Tetovo war; ich wusste, dass sich während des Kosovo-Krieges mehr als hunderttausend albanische Kosovaren hierher geflüchtet und angesiedelt hatten; aber woher wusste ich, dass die Familien, die ausstiegen, tatsächlich Albaner waren? Sie schienen mir etwas heller gewesen zu sein als die meisten anderen Bewohner Mazedoniens, mit einem Anflug von Rot im Haar, schlanker auch, und irgendetwas war anders an ihrem Gang, in ihren Gebärden. War es die Schulung Karabataks, dass ich angefangen hatte, die Leute nach ethnischen Merkmalen zu betrachten? Mir fiel die schöne Frau aus dem Flugzeug ein, in deren Zügen ich, kaum dass sie auf die Karte Australiens gedeutet hatte, sogleich die fernen Züge von Vorfahren entdecken zu können meinte, die Aborigines waren. Karabatak hätte seine Freude mit mir gehabt.

Das Flugzeug nach Ljubljana ging erst am nächsten Tag. Bei den Freunden von der Union vlachischer Kulturvereine war die Begeisterung groß, als wir uns, zuerst entführt und dann verschollen, in Skopje zurückmeldeten. Sogleich organisierte Stevo ein Treffen, das gut fünfzehn Leute zum Essen und Trinken mit uns zusammenführte. Gegrilltes Hammel- und Rindfleisch wurde aufgetischt, dass die Stücke über den Tellerrand ragten, dazu scharfes Gemüse, Joghurtsoßen, mit Paprika versetzter Reis, und Bier, mazedonischer Rotwein, Schnaps. Mir gegenüber saß Dina Cuvata, Schriftsteller, Übersetzer, Leiter der aromunischen Radiostation des mazedonischen Rundfunks, Vorsitzender der Union vlachischer Kulturvereine, und während des Essens, zu dem er kaum kam, weil er unentwegt redete, wurde mir die ganze Verlassenheit bewusst, die diesen Intellektuellen und flammenden aromunischen Patrioten zwang, lebenslang verzweifelt um dieselben Dinge zu ringen, dieselben Gedanken zu propagieren, dieselben Niederlagen wegzustecken. Während das Essen erkaltete, in dem er nur ein paar Mal fahrig gestochert hatte, redete er pausenlos rauchend auf mich ein, von den großen aromunischen Mäzenen des 19. Jahrhunderts berichtete er, und von den drei aromunischen Verlagen, die es jetzt wieder in Skopje, Bukarest und Constanta gab, in Constanta am Schwarzen Meer, wo einst Ovid im Exil verbitterte und heute viele Aromunen lebten. Erbittert über all seinem Wissen, von dem kein Intellektueller irgendwo im gepriesenen Europa etwas wissen wollte, überschüttete er mich mit seiner Gelehrsamkeit, die etwas Verzweifeltes, Manisches hatte. Den Verlag in Skopje leitete er selbst, und für ihn übersetzte er die Weltliteratur, wie er sagte, er hatte seine Übertragungen der Divina Comedia, des altfranzösischen Tristan, des Parcival und der Odysee im eigenen Verlag veröffentlicht, in zweisprachigen Ausgaben, die er mir nun schenken wollte. Er griff in die Ledertasche, die er unter dem Tisch abgestellt hatte, und überreichte mir einen Packen dünner Hefte von achtundzwanzig bis achtunddreißig Seiten Umfang. Natürlich waren es nur knappe Ausschnitte der weltliterarischen Meisterwerke, die er bieten konnte, natürlich hatte er die meisten seiner Nachdichtungen nicht nach dem Original, sondern nach Übersetzungen dieser Werke ins Rumänische angefertigt; aber Weltliteratur war es doch, und seine Aromunen verdienten es, mit allem, was die Weltkultur an Schönem hervorgebracht hatte, in ihrer Sprache beschenkt zu werden! Ich aß und aß und trank, und Dina Cuvata sprach und sprach und rauchte. Eindringlich, als wollte er mir einen Schwur abnehmen, sagte er dann: »Wir haben nicht die Möglichkeit, in der Welt für uns selbst zu sprechen. Wir brauchen Freunde, die es für uns tun.« Ich war nahe daran, aufzuspringen und den Eid in aller Öffentlichkeit abzulegen.

Dann überreichte er mir das »Memorandum zur Lösung der aromunischen Frage als Voraussetzung zur Erreichung dauerhaften Friedens auf der Balkanhalbinsel«, das er und seine Mitstreiter verfasst und vor Monaten an den deutschen Bundeskanzler sowie die Mitglieder des »Paktes für Stabilität in Südosteuropa« gerichtet hatten, ohne Antwort erhalten zu haben. Cuvata hatte es mit seinen politischen Freunden selbst ins Deutsche übersetzt und auf offizielles Papier getippt und bat mich nun, das Memorandum in Österreich nochmals an die angegebenen Adressaten zu schicken, denn vielleicht wären die Briefe gleich in Mazedonien aus Versehen oder politischer Willkür in postalischen Verlust geraten. Ich las: »Sehr geehrter Herr Bundeskanzler! Sehr geehrte Mitglieder des Stabilitätspaktes! Ähnlich wie die vielen bisherigen Anregungen und Lösungen, die angeregt und verabschiedet worden sind, das heißt ohne unmittelbares Vorhandensein und Entscheidungsmöglichkeiten aller teilnehmenden Tatsachen, die im späteren Zeitraum als ungenügender Garant und sogar als Möglichkeit zum Anstoßen von Konflikten sich ergaben, scheint, dass heutzutage nach derselben Muster verfahren wird.« Ich saß, inmitten der feiernden Gesellschaft, die zu unseren Ehren aß und trank, dem verzweifelten, doch an seiner Mission nicht zweifelnden Übersetzer der Divina Comedia in achtundzwanzig Seiten gegenüber und stellte mir vor, wie der deutsche Bundeskanzler dieses mit Herzblut verfasste Memorandum las, wie die Mitglieder des Stabilitätspaktes dieses Memorandum, auf das die Union vlachischer Kulturvereine so große Hoffnungen setzte, lasen und wie sich ihnen der Umriss einer dauerhaften Friedensordnung auf dem Balkan im Lichte der aromunischen Frage abzuzeichnen begann. Der Wein floss in Strömen, kreuz und quer am Tisch wurde zugeprostet und die Freundschaft ausgerufen, und ich las weiter, die sieben eng beschriebenen Seiten des Memorandums, das ich dem deutschen Bundeskanzler und den Mitgliedern des Stabilitätspaktes schicken sollte und das mit der inständigen Bitte schloss: »In Ihren Händen ist unser Schicksal, möglicherweise Ihr und der Vereinten Europa, und so bitten wir uns Aromunen zu verhelfen, damit wir nicht allen anderen Völkern und Kulturen beitreten, die bis heute die Sache der Archeologie worden sind. Erlauben Sie uns die Möglichkeit, um unserer Kultur zu fördern, womit Europa nur reicher und schöner und keinesfalls verarmt wäre!«

Anderntags flog ich zurück nach Salzburg.

Dank

Die Reisen, von denen in diesem Buch erzählt wird, habe ich in den Jahren 1999 und 2000 unternommen, in Begleitung von Kurt Kaindl, der mir in dreifacher Hinsicht gute Dienste erwies: als Freund, Fahrer und Fotograf.

Dževad Karahasan hat mir in vielen Gesprächen seine Heimatstadt Sarajevo nähergebracht; der Geschäftsträger der österreichischen Botschaft in Sarajevo, Dr. Michael Kainz, erwies sich als hilfsbereiter Vermittler. Den ersten Hinweis auf den Rog / Hornwald als Ort der verschwiegenen Geschichte Sloweniens gab mir Ludwig Hartinger. Die Dichterin Kate Zuccaro (Rom) hat mich mit Adressen der verschiedenen Kulturvereine der Arbëreshe ausgestattet; Prof. Altimari (Universität Cosenza) klärte mich gründlich über die Siedlungsgeschichte der Arbëreshe auf. Hans-Joachim Lanksch, der große Förderer der albanischen Literatur, hat mir auf seine generöse Art nicht nur mit Adressen von albanischen Schriftstellern in Kalabrien weitergeholfen, sondern auch seine eigenen, teils unveröffentlichten Arbeiten zur Literatur der Arbëreshe zur Verfügung gestellt. Die Gedichte auf Seite 124, 139 und 149 sind von ihm übersetzt worden. Die Dichterin Róža Domašcyna hat mich nicht nur durch die sorbischen Dörfer geführt, sondern sich auch die Mühe gemacht, das Manuskript zu lesen und einzelne Fehler richtigzustellen. Gleiches tat auch Prof. Max Demeter Peyfuss, der mich auf Irrtümer, die Geschichte der Aromunen betreffend, hinwies und mir auch sonst manchen beherzigenswerten Rat gab. Vasile Barba schließlich, vom Europäischen Zentrum für aromunische Studien in Freiburg, hat mich seit Jahren mit wichtiger Literatur versorgt und mir in Mazedonien viele Türen geöffnet. Ihnen allen sei herzlich gedankt.

Bibliografische Hinweise

Über die Jahre habe ich zahlreiche historische Studien und dichterische Werke entdeckt und für meine, ganz anders geartete Arbeit zurate gezogen. Nicht alles kann ich im Nachhinein noch identifizieren, die wichtigsten Quellen seien hier aber genannt.

Die Sepharden von Sarajevo

Juan Goytisolo: Notizen aus Sarajewo. Frankfurt 1993.

Felicitas Heimann-Jelinek/Kurt Schubert (Hg.): Sephardim – Spaniolen. Die Juden in Spanien – Die Sephardische Diaspora. Eisenstadt 1992.

Moritz Levy: Die Sephardim in Bosnien. 1911. Nachdruck: Klagenfurt 1996.

Ivan Lovrenović: Bosnien und Herzegowina. Eine Kulturgeschichte. Wien/Bozen 1998.

Dževad Karahasan: Tagebuch der Aussiedlung. Klagenfurt 1993.

Gerhard Neweklowsky: Die bosnisch-herzegowinischen Muslime. Klagenfurt 1996.

Muhamed Nežirović u. a. (Hg.): Sefarad 92 – Zbornik radova. Sarajevo 1995.

Miroslav Prstojević: Sarajevo. Die verwundete Stadt. Ljubljana/Sarajevo 1994.

Abdullah Sidran: Insel bin ich, im Herzen der Welt. Gedichte. Klagenfurt 1993.

Gottschee

Mitja Ferenc: Kočevska/'S Göttscheabalont/Gottschee. Das verlorene Kulturerbe der Gottscheer Deutschen. Ljubljana 1993.

Stefan Karner: Die deutschsprachige Volksgruppe in Slowenien. Klagenfurt/Ljubljana/Wien 1998.

Ludwig Kren (Hg.): 650 Jahre Gottschee. Festbuch 1980.

Erich Petschauer: Das Jahrhundertbuch der Gottscheer.
Wien 1980.

Karl Schemitsch: Schicksal der Gottscheer. Tragik der
deutschen Sprachinsel Gottschee. Linz 1978.

Richard Wolfram: Brauchtum und Volksglaube in der
Gottschee. Wien 1980.

Gojko Zupan/Mitja Ferenc/France M. Dolinar: Cerkve
Kočevskem nekoč in danes/Die Gottscheer Kirchen einst
und heute. Kočevje 1993.

Arbëreshe

Francesco Altimari (Hg.): Atti del 1. Seminario internazionali
di studi albanesi. Quaderni del Dipartimento di Linguistica
7. Rende 1993.

Francesco Altimari (Hg.): Atti del 2. Seminario internazionale
di studi albanesi. Quaderni del Dipartimento di Linguistica
14. Rende 1997.

Anton Nike Berisha: Antologji e poëzise bashkëkohore arbë-
reshe/Antologia della poesia contemporanea italo-albanese.
Rende 1999.

Cifti/Civita. Civita 1998.

Norman Douglas: Riese in Süditalien. 1915. Nachdruck 1969.

Heidrun Kellner: Die albanische Minderheit in Sizilien.
Wiesbaden 1972.

Hans-Joachim Lanksch: Zu den Arbëreshe. Unveröffentlichtes
Manuskript.

Hans-Joachim Lanksch: Zweisprachige Sammlung von
Gedichten der Arbëreshe. Unveröffentlichtes Manuskript.

Leonardo La Rosa: Arbëresh – die verlorenen Kinder
Skanderbegs. In: Neue Zürcher Zeitung, 7./8. März 1998.

Conti/Marquet: Spirito regale nei costumi della donna
Arbëreshe. Castrovillari 1988.

Luigi Troccoli/Emanuele Pisarra: In cammino sul Pollino.
Castrovillari 1996.

Sorben

Jurij Brežan: Mein Stück Zeit. Leipzig 1998.

Róža Domašcyna: Kunstriff am netzwerg. Ottensheim 1999.

Hanka Fascyna / Jürgen Matschie: Sorbische Bräuche. Bautzen 1992.

Jurij Koch: Jubel und Schmerz der Mandelkrähe. Ein Report aus der sorbischen Lausitz. Bautzen 1992.

Peter Kunze: Kurze Geschichte der Sorben. Bautzen 1995.

Kito Lorenc (Hg.): Sorbisches Lesebuch. Leipzig 1981.

Jürgen Matschie: Lausitzer Landschaften. Senftenberg 1998.

Dietrich Scholze (Hg.): Die Sorben in Deutschland. Serbja w Němskej. Bautzen 1993.

Hartmut Zwahr: Meine Landsleute. Die Sorben und die Lausitz im Zeugnis deutscher Zeitgenossen. Von Spener und Lessing bis Pieck. Bautzen 1984.

Aromunen

Vasile Barba: Die Aromunen, ein Volk, das niemand kannte. In: pogrom 153 / 1990, 24–27.

Vasile Barba: Die Aromunen und die Mazedonische Frage. In: pogrom 165 / 1992, 29–33.

Mihail G. Boiagi: Grammaticâ Aromânâ icâ Macedonovlahâ. Kommentierter Nachdruck, Freiburg 1988.

Ekr.: Die Aromunen – ein gefährdetes Hirtenvolk. In: Neue Zürcher Zeitung, 15. 7. 1997, S. 5.

Matilda Elzeser-Kostovska / Jovan Pavlovski / Mishel Pavlovski: Macedonia Yersterday and today. Skopje 1998.

Heinz Gstrein: Die Vlachen – ein untergehendes Volk. In: Neue Zürcher Zeitung, 24. 10. 1997, S. 33.

Matilda Caragiu Mariotheanu: Dodecalog al Aromânilor. Constanta 1996.

Risto Paligora: St. Petka Malovishta. Bitola 1999.

Max Demeter Peyfuss: Die Druckerei von Moschopolis, 1731–1769. Wien 1989.

Max Demeter Peyfuss: Aromunen in Rumänien. Österreichische Osthefte, Jg. 26, Wien 1984, 313–319.

Rupprecht Rohr: Die Aromunen. Sprache-Geschichte-Geografie. Hamburg 1987.

C. B. Stefanovski: Pelasghyi. Limbâ, Carte, Numâ. Tetovo 1998.

Zbornu a nostru. Unser Wort. Zeitschrift, hg. von Vasile Barba. 1986 ff.

Die Arbeit an diesem Buch wurde freundlicherweise unterstützt vom Bundeskanzleramt, Sektion für Kunstangelegenheiten.

Abenteuerliche Reise durch mein Zimmer
Das handgeschriebene Kochbuch der Großmutter, der alte Überseekoffer mit den eisernen Beschlägen oder der Brieföffner des mährischen Industriellen – das sagenhafte Reich der Gegenstände lädt ein zu Expeditionen durch ferne Zeiten und fremde Länder. Karl-Markus Gauß findet Abenteuer in nächster Nähe: auf einer Reise durch sein Zimmer.

Im Wald der Metropolen
Karl-Markus Gauß erzählt von der Erfindung Jugoslawiens, von schlesischen Täuschungen und sprachlosen Sprachen. Er macht halt im slowenisch-kroatischen Niemandsland, unternimmt einen Exkurs zur Verwirrung und lauscht türkischen Großstädten und italienischen Friedhöfen. Eine epische Reise durch Europas Kulturgeschichte.

Die versprengten Deutschen
In abgeschiedenen Dörfern und pulsierenden Metropolen wie Vilnius und Odessa stößt Karl-Markus Gauß auf versprengte Deutsche, auf Gemeinschaften, die eine eigentümliche Lebenskultur bewahrt haben. Schon längst taugen sie nicht mehr für das einst gängige großdeutsche Pathos – und doch erlebt Gauß unter ihnen Wundersames, Trauriges und Unerwartetes.

Die sterbenden Europäer
In Sarajevo lässt sich Karl-Markus Gauß bei Mokka und Schnaps von der Vergangenheit der Sepharden erzählen, wird in der slowenischen Gotschee von wortkargen Bauern empfangen und lauscht im Zigarettendunst den Geschichten der Abëreshe in Süditalien. Aus dem Strom der Erzählungen erschafft er eine Geschichte der vergessenen Völker Europas.

Mehr über Autor und Werk auf *www.unionsverlag.com*

Karl-Markus Gauß *Die unaufhörliche Wanderung*
Was man immer schon von Karl-Markus Gauß lesen wollte: Ob
er über einen muslimischen Sommelier im albanischen Berat
berichtet oder die verblüffende Geschichte des größten Trup-
penübungsplatzes Mitteleuropas erzählt, ob er den Reichtum
der europäischen Sprachen preist oder die sensationshungrigen
Gaffer von heute mit den Besuchern der Gladiatorenkämpfe
von einst kurzschließt, immer folgen wir den Spuren eines
feinfühligen Flaneurs, der aus Einzelheiten ein welthaltiges
Ganzes formt. In seinem neuen Buch besticht der »Spezialist
fürs Entlegene« (NZZ) als eigensinniger Aufklärer, als Meister
vieler Genres und eleganter Stilist.

»Genau das macht den Reiz dieser Reiseberichte aus: Sie
verknüpfen Anekdoten und Szenenbeschreibungen mit intellektueller Reflexion. Es ist sensiblen Spürnasen wie Gauß zu ver-
danken, dass unsere kulturellen und geschichtlichen Wurzeln
noch nicht völlig in Vergessenheit geraten sind.«
Deutschlandfunk Büchermarkt

»Gauß erweist sich gleichermaßen als Weitreisender wie gran-
dioser Stubenhocker, als großer Verbinder vermeintlich weit
auseinanderliegender Zusammenhänge, als listiger Dialektiker
des Unvermuteten. Eine First-Class-Lesereise.« *profil*